**Hochschul
Verlag**

Neurolinguistik

Zeitschrift für
Aphasieforschung und -therapie

20. Jahrgang
2006 – Heft 1-2

Herausgegeben von Gerhard Blanken
und Wolfram Ziegler

HochschulVerlag

CIP-Titelaufnahme der Deutschen Bibliothek

Neurolinguistik : Zeitschr. für Aphasieforschung u. -therapie –
Freiburg (Breisgau) : Hochsch.-Verl.
Erscheint jährl. zweimal. – Aufnahme nach Jg. 1, H. 1 (1987)
ISSN 0933-2715
Jg. 20, H. 1-2 (2006)
ISBN 3-8107-6636-4

Offizielles Organ der
Deutschen Gesellschaft für Neurotraumatologie und Klinische Neuropsychologie

Vorwort der Herausgeber

des Themenbandes »Sprache und Denken«

Liebe Leserinnen und Leser,

das Thema »Sprache und Denken« ist wieder da, soll heißen, es ist wieder aktuell geworden, und es wird heute mit einer Intensität beforscht wie nie zuvor. Dabei hat das Thema zunächst einen traditionellen Beigeschmack; man denkt zum Beispiel an W. v. Humboldt, an B. L. Whorf, also an die Klassiker auf diesem Felde. In der Tat sind ihre grundsätzlichen Fragen geblieben, etwa die Frage, wie konstitutiv die Sprache für das Denken ist, oder die Frage, ob wir beide Ebenen überhaupt trennen können, jedoch werden die heutigen Antwortversuche vor dem Hintergrund und aus dem Wissen heraus gegeben, die mit hochgradig spezialisierten Disziplinen wissenschaftlicher Arbeit verbunden sind.

Das vorliegende Themenheft versucht, dieser Diversifizierung im Umgang mit dem Problemkreis »Sprache und Denken« Rechnung zu tragen. Für die Konzeptualisierung ihrer Beiträge sind alle Autoren gebeten worden, aus der Sicht ihrer Disziplin, ihres Ansatzes heraus Standortbestimmungen zu liefern. Das Heft vereinigt somit durchaus heterogene Beiträge, die dennoch alle um das Begriffspaar »Sprache/Denken« kreisen.

Aus der Sicht der Neurolinguistik und auch aus der klinischen Perspektive ist eine Reflexion und Klärung des Verhältnisses zwischen kognitiven und intellektuellen Prozessen einerseits und der Rolle sprachlicher Prozesse andererseits von grundlegender Bedeutung. Liegt etwa bei einer aphasischen Sprachstörung zugleich eine allgemeinere, das heißt Denkprozesse umfassende Störung vor? Oder führen zentrale Sprachstörungen notwendigerweise zu einer Einschränkung intellektueller Operationen? Die verschiedenen Positionen zur Sprache-Denken-Beziehung, die in diesem Band entfaltet werden, haben wichtige Implikationen für die soeben gestellten Fragen.

Angestoßen wurde die Planung des vorliegenden Heftes durch die Gründung eines neuen Forschungsschwerpunkts an der Universität Erfurt, des Forums »Language and Mind«. Das Sprache-Denken-Problem in einer interdisziplinären Anstrengung zu thematisieren, erschien uns als eine lohnende Herausforderung. Die Leserin beziehungsweise der Leser hat somit die Möglichkeit, sich ein Bild zu verschaffen, das Positionen der Philosophie, der Sprachwissenschaften und der Neurowissenschaften umfaßt. Beim Lesen und Verstehen der Beiträge werden wir alle – auch die Autoren – unsere Sprache und unser Denken ändern müssen.

Im Juli 2007 *Gerhard Blanken* und *Winfried Franzen*

Inwendiges Blöken?

J. G. Herders ›Abhandlung über den Ursprung der Sprache‹ aus der Sicht aktueller Debatten zum Sprache-Denken-Problem und zur Sprachursprungsfrage

Winfried Franzen

Professur für Praktische Philosophie, Universität Erfurt

Herders berühmte »Abhandlung über den Ursprung der Sprache« von 1772 enthält wichtige Aussagen über das Verhältnis von Sprache und Denken. Diese werden kritisch untersucht – mit dem Ergebnis, daß sie zumindest in mancher Hinsicht nicht überzeugend sind, insbesondere weil sie Merkmalsbildung und Wortentstehung zu stark miteinander identifizieren. Des weiteren werden einige Hinweise dazu gegeben, wie sich Herders Gedanken zum Sprachursprung zu gewissen Aspekten neuerer Forschungen und Debatten zu dieser Frage verhalten.

Im Jahre 1772 erschien Herders berühmte *Abhandlung über den Ursprung der Sprache*. Drei Jahre zuvor hatte die Preußische Akademie der Wissenschaften ihre Preisfrage zur Sprachentstehung ausgeschrieben, 1770 reichte Herder seinen Beitrag ein, 1771 wurde ihm der Preis zuerkannt, und eben 1772, im Januar, erfolgte die Drucklegung.[1]

In auffälligem Kontrast zu der Aura, mit der in der Folgezeit und zum Teil bis heute nicht wenige Rezipienten die Herdersche Schrift versehen sollten[2], plagten den Preisträger selbst schon vor und erst recht direkt nach der Publikation starke Zweifel an der Solidität seiner Gedankenführung. So schrieb er etwa Anfang Februar 1772 an Friedrich Nicolai:

---

1   Herders Abhandlung wird – mit einfachen Seitenangaben im fortlaufenden Text – zitiert nach der folgenden Ausgabe: Herder, 1985. Vgl. jetzt auch – insbesondere wegen der einleitenden Forschungs- und Literaturhinweise – die neuaufgelegte Sammlung: Herder, 2005.

2   Exemplarisch etwa Liebrucks, 1964:48 »Mit der Preisschrift Herders ›Über den Ursprung der Sprache‹ beginnt die Epoche der Sprachphilosophie.« Als – merklich moderateres – Beispiel aus der neueren Literatur vgl. Trabant, 2000.

[...] nun ist sie gedruckt [die Abhandlung]! da! schwarz auf weiß! – und ich schäme mich ihrer. [...] Ich wünschte, keinen Preis erhalten zu haben. [...] Ich bin erstaunt und verwirrt, da ich die Preisschrift lese: sie ward so flüchtig in Eile [...] gemacht [...]. [...] ich weiß nicht, welcher Dämon mich beherrschet hat, für die Akademie so schreiben zu können.[3]

Ich fürchte, man muß Herder hier in manchem Recht geben – darin nämlich, daß man ihm an wichtigen Punkten der *Abhandlung* nicht recht geben kann. Die entscheidende Stelle ist diejenige, auf die im Titel des vorliegenden Beitrags angespielt ist. Ich nenne sie im folgenden – abkürzungs- wie auch spaßeshalber – die »Blökstelle«. Diese Passage steht innerhalb des ersten Teils der Ursprungsabhandlung in der Mitte des zweiten Abschnitts (722-724, bes. 723f.), wobei man noch einiges vom Beginn des dritten Abschnitts mit hinzunehmen kann (733f.). Der Mensch, so war von Herder zuvor herausgestellt worden (715ff.), hat seinen eigentümlichen Charakter darin, daß er die Mängel seiner instinktmäßigen Ausstattung durch Kräfte kompensiert, die nur ihm eigen sind und ihn von den Tieren unterscheiden. Herders Bezeichnungen dafür lauten: Verstand, Vernunft, Reflexion, Besinnung, Besonnenheit (etwa 717 und 719), wobei Herder besonders die beiden letzten bevorzugt. Seine Sprachursprungsthese lautet nun im wesentlichen: In dem Augenblick, wo diese Fähigkeit, die Besonnenheit, zum ersten Mal richtig wirkt, ist auch schon die Sprache da (vgl. 722). Genau diese These, so meine ich, ist problematisch. Aber sehen wir die Sache erst noch genauer an. Nach Herder besteht das Wirken der Reflexion, der Besinnung darin, in dem Ozean der Empfindungen, der die Sinne durchrauscht, Merkmale abzusondern und auf diese Weise die deutliche Unterscheidung und Identifizierung von Gegenständen zu ermöglichen (722). Und dann: »Dies *Erste Merkmal der Besinnung war Wort der Seele. Mit ihm ist die menschliche Sprache erfunden.*" (sic! 723)

Dies wird nun an dem berühmten Beispiel demonstriert: »Lasset jenes Lamm [...] vorbeigehn [...].« (ebd.)[4] Dazu zwei längere Zitate aus der eigentlichen Blökpassage. Zunächst malt Herder sich die Situation aus: Der Mensch hat das Bedürfnis, »das Schaf kennen zu lernen« (723);

---

3   Herder, 1977:129f. Das Sich-Schämen bezog sich übrigens nicht zuletzt auf die zum Teil unfaire und überzogene Kritik, mit der Herder die Sprachursprungsüberlegungen anderer Autoren bedacht hatte, besonders diejenigen von Johann Peter Süßmilch; vgl. dazu Kieffer, 1978.

4   Daß von ›jenem‹ Lamm die Rede ist, stellt einen stillschweigenden intertextuellen Bezug dar, nämlich zu Moses Mendelssohns *Sendschreiben an den Magister Lessing in Leipzig* von 1756, in dem gleichfalls schon – zu Demonstrationszwecken in Sachen Sprachursprung – ein Lamm herumspaziert war.

[...] es steht da, ganz wie es sich seinen Sinnen äußert. Weiß, sanft, wollicht – seine [des Menschen] besonnen sich übende Seele sucht ein Merkmal, – *das Schaf blöcket!* Sie [die Seele] hat Merkmal gefunden. [...] Dies Blöcken, das ihr am stärksten Eindruck macht, das sich von allen andern Eigenschaften des Beschauens und Betastens losriß, hervorsprang, am tiefsten eindrang, bleibt ihr. Das Schaf kommt wieder. Weiß, sanft, wollicht – sie [die Seele] sieht, tastet, besinnet sich, sucht ein Merkmal – es blöckt, und nun erkennet sies wieder! »Ha! du bist das Blöckende!« fühlt sie innerlich, sie hat es menschlich erkannt, da sies deutlich, das ist mit einem Merkmal erkennet, und nennet. (723)

Aus dieser Szene verfertigt Herder sodann seine genauere Ursprungsthese:

Mit einem Merkmal also? und was war das anders, als *ein innerliches Merkwort?* »Der *Schall* des Blöckens von einer menschlichen Seele, als Kennzeichen des Schafs, wahrgenommen, ward, kraft dieser Bestimmung, *Name* des Schafs, und wenn ihn nie seine Zunge zu stammeln versucht hätte.« Er erkannte das Schaf am Blöcken; es war *gefaßtes Zeichen,* bei *welchem sich die Seele an eine Idee deutlich besann* – Was ist das anders als Wort? Und was ist die *ganze menschliche Sprache,* als eine *Sammlung solcher Worte?* Käme er also auch nie in den Fall, einem andern Geschöpf diese Idee zu geben, und also dies Merkmal der Besinnung ihm mit den Lippen vorblöcken zu wollen, oder zu können; seine Seele hat gleichsam in ihrem Inwendigen geblöckt, da sie diesen Schall zum Erinnerungszeichen wählte, und wiedergeblöckt, da sie ihn daran erkannte – die Sprache ist erfunden! (724)

Damit sind wir beim Titelstichwort angelangt: Für Herder liegt der Ursprung der Sprache in einem inwendigen Blöken, wobei das Blöken natürlich stellvertretend für viele andere Laute zu nehmen ist, die in der Weise, wie Herder sich das vorstellt, zu Merkmalen und damit Merkwörtern für dasjenige werden können, von dem die Laute ausgehen. An dieser Herderschen Grundidee kann man noch zwei Hauptmomente unterscheiden. Das erste besteht darin, daß Herder Merkmal und Merkwort – beziehungsweise Merkmalbildung und Wortwerdung – zusammenfallen läßt. Diese Identifikation wird im Text immer wieder beschworen, etwa nochmals zu Beginn des dritten Abschnitts: »[...] Beim ersten Merkmal ward Sprache [...].« (733) Und zweitens hebt Herder an der Sprachentstehung – das wäre das andere Hauptmoment – ihren zunächst ganz inneren und damit auch solitären Charakter hervor: »[...] der Einsame im Walde hätte Sprache für sich selbst erfinden müssen; hätte er sie auch nie geredet.« (725) Für diese beiden Hauptmomente werde ich manchmal die Abkürzungen verwenden (erstens) »Merkmal-Wort-Identifizierung« und (zweitens) »Solitärentstehung«.

Dieser Zentralstelle der Preisschrift ist ein ungeheures Maß an Interpretationsarbeit und vor allem an subtiler Apologetik gewidmet worden. Aber man kann es drehen und wenden, wie man will, die Sache kommt einfach nicht hin. Eine der konsequentesten Analysen hat Gottfried Seebaß (1981) vorgelegt (vgl. das erste Kapitel seiner ansonsten systematisch orientierten Untersuchung). Er argumentiert vor allem, Herder habe bei seiner Sprachursprungsthese den für Sprache unabdingbaren Intersubjektivitätsaspekt der Tendenz nach ausgeklammert. Gegenkritiker könnten vielleicht kontern, Herder habe im weiteren Verlauf der Abhandlung doch sehr wohl die ganze Dimension des Dialogischen, Interpersonalen, Kommunikativen hinzugenommen. Das stimmt, aber eben: nur *hinzugenommen*. Am eigentlichen Ursprung spielt diese Dimension nach Herder, gemäß seiner These der Solitärentstehung, gerade keine Rolle.

Übrigens kann man öfters beobachten, daß diejenigen, die sich hier für Herder in die Bresche werfen, in eine Zwickmühle geraten: *Entweder* sie halten an einem handfesten und durch den Wortlaut abgedeckten Verständnis der Blökstelle fest und auch daran, daß selbige für den Gesamttext entscheidend und damit für den bisweilen so apostrophierten Herderschen »Durchbruch« in der Sprachthematik ausschlaggebend ist; dann müssen sie sich damit herumschlagen, daß das Ganze von der Sache her einfach nicht hinkommt. *Oder* sie, die Apologeten, verfahren anders: Um den Hauptpunkt doch noch plausibel aussehen zu lassen, modeln sie (mogeln sie?) die Blökstelle um, entschärfen sie oder relativieren sie durch andere Passagen der Preisschrift; dann laufen sie jedoch Gefahr, der *Abhandlung* ihren eigentlichen Biß und damit gerade den Durchbruchnimbus zu nehmen.

In den Augen von Gottfried Seebaß ist vor allem unklar, wie sich Herder, wenn er vom inneren Merkwort redet, die Zeichenbeziehung denkt. Was soll hier für was stehen? Seebaß spielt die verschiedenen, zumindest theoretisch denkbaren, Möglichkeiten durch und kommt zu dem Ergebnis, daß die Sache in keiner dieser Varianten plausibel wird. Im Detail kann das hier nicht nachgezeichnet werden, jedoch mache ich im Folgenden teilweise Gebrauch davon.

Die einzige Interpretation, die wirklich durch den Text abgedeckt ist, kann nur lauten, daß ein Teilmerkmal, das Blöken, für den Gesamtgegenstand steht, für das Schaf. Indessen, am Blöken das Schaf – oder ein Schaf – zu erkennen, sich im Blöken das Schaf zu repräsentieren oder auch mit Hilfe des Blökens sich eine deutliche Vorstellung vom Schaf zu bilden, das ist mitnichten bereits ein sprachlicher Vorgang. Der Suggestion, die in Herders rhetorischer Frage liegt »Was ist das anders als Wort?«, muß man widersprechen: Nein, an diesem Punkt haben wir es noch nicht mit einem Wort zu tun, ist die Sprache noch nicht erfunden. Herder verlegt die Sprache beziehungsweise ihre Entstehung in etwas, was in Wirklichkeit der Sprache vorausgeht, jedoch noch nicht selbst Sprache ist. Auf diesen wichtigen Aspekt ist gleich zurückzukommen.

Jedenfalls – weil die Sache in dieser direkten, wortlautgestützten Deutung nicht plausibel ist, tendiert man dazu, andere Lesarten zu versuchen. Ja, liegt es denn nicht – so könnte gefragt werden – ganz nahe anzunehmen, daß die ersten lautlichen Zeichen, welche zu Vorläufern unserer Wörter wurden, von jenen Tönen herrührten, die aus der Natur und ihrer Bewohnerschaft selbst stammen? In der Tat, das liegt durchaus nahe, und bis heute kann man damit rechnen, daß solche Nachahmung von Naturtönen eine merkliche Rolle bei der Sprachentstehung gespielt hat. Nur – hat Herder *das* mit seiner Blökstelle gemeint? Eindeutig nicht! Wohlgemerkt, mit der *Blökstelle* hat Herder dies nicht gemeint. Etwas anderes ist es, daß er im weiteren Verlauf des Textes, nämlich vor allem im dritten Abschnitt, durchaus, ja sogar ausgiebig und grundlegend, von dieser Vorstellung Gebrauch macht, nämlich daß die erste Sprache nichts anderes war als »Nachahmung der tönenden [...] Natur« (740). Aber zum einen gerät Herder hier in einen gewissen Widerspruch zu sich selbst. Denn er hatte ja gerade betont, daß der eigentliche Punkt der Spracherfindung das *inwendige* Blöken sei, und nicht erst das äußere, also nachgeahmte, und zudem hatte er zwischendurch die ganze Nachahmungsvorstellung mit ziemlich spöttisch-sarkastischen Bemerkungen abgetan (vgl. etwa 724). Später scheint er das fast vergessen zu haben. Zum anderen muß man aber auch bedenken: Wenn das Ganze so zu verstehen wäre, daß das vom Menschen aufgegriffene, das nachgeahmte Blöken die Sprachentstehung initiierte, dann würde das zwar die Sache partiell plausibel machen, zugleich aber der Herderschen Preisschrift den ihr so gerne zugeschriebenen Durchbruchcharakter nehmen; denn bei der Frage nach dem Sprachursprung auf diese Weise – bei der Nachahmung von Naturlauten – anzusetzen, war auch schon vor Herder, ja fast schon seit ewigen Zeiten beliebt und geläufig.

Will man also den Durchbruchcharakter der Preisschrift retten, muß man die Blökstelle wortlautgestützt verstehen, das heißt im Sinne der Merkmal-Wort-Identifizierung, im Sinne von: »Beim ersten Merkmal ward Sprache.« (733) Der Durchbruch wäre dann – gemäß den Suggestionen der dafür einschlägigen Interpretationsrichtung (Liebrucks, 1964; Trabant 2000) – darin zu sehen, daß bei Herder endlich der Sprache die ihr gebührende Rolle zugebilligt wurde, nämlich für das Denken selbst, einschließlich seiner ersten Anfänge, konstitutiv zu sein. Und in der Tat gibt Herders Text selbst dies her. Denn wenn bereits mit der allerersten Betätigung der Denkfähigkeit Wort und Sprache da sind, dann folgt daraus umgekehrt: Kein Denken ohne Sprache. Sollte dies an der Blökstelle nicht gemeint sein, wäre in der Tat der Pfiff aus ihr raus.

Von der Sache her gesehen ist nun aber bei Herder als erstes bereits unklar, wie sich die Kategorisierung des Gesamtgegenstandes zu der Aussonderung von Einzelmerkmalen verhält. Herder knüpft hier teilweise an die traditionelle Klarheit-und-Deutlichkeit-Diskussion an, aber so recht klar und deutlich macht er die Sache nicht. Daß im puren Erkennen beziehungsweise Wiedererkennen des Schafes anhand des Merkmals *Blöken* bereits Wort und Sprache gegeben sein sollen, ist recht unplausibel. Schafe am Blöken erkennen und wiedererkennen – das kann man sicherlich auch vorsprachlich beziehungsweise sprachunabhängig, und selbstverständlich können dies nicht nur Menschen, sondern auch andere Lebewesen wie etwa Hunde oder Wölfe.

Aber liegt hier nicht immerhin, könnte man fragen, bereits so etwas wie eine erste Zeichenbeziehung vor, und hat Herder nicht vielleicht dies gemeint? In der Tat, gemäß einem weiten Zeichenbegriff kann man das Blöken als Zeichen für das Lamm auffassen, und sicher hat Herder dies auch – beziehungsweise *auch dies* – gemeint: »Er [der Mensch] erkannte das Schaf am Blöken; es war *gefaßtes Zeichen* [...].« (724) Indessen – daß etwas ein Zeichen ist, heißt noch nicht, daß es ein Wort, daß es etwas Sprachliches ist. Dies zu meinen, wäre ein grober Fehlschluß – ein Fehlschluß, der mir bei Herder in der Tat im Spiel zu sein scheint und der auch sonst massiv vorkommt. Dieser Fehler besteht in der Unterstellung, wenn Sprache etwas Zeichenhaftes sei, dann habe man es doch überall, wo es um Zeichen gehe, auch irgendwie schon mit Sprachlichem zu tun. Dies ist aber selbstverständlich falsch. In Wirklichkeit gibt es riesige Mengen von Zeichen und Zeichenprozessen, die noch nichts mit Sprache im spezifischen Sinne zu tun haben.

Gewisse Züge dessen, was bei Herder geschieht, könnte man erfassen mit Hilfe der berühmten Einteilung der Zeichen in drei Grundtypen, wie sie Charles Sanders Peirce (1960: §558, S.295) vorgenommen hat (vgl. Pape, 1996:312f.). Ihr zufolge liegt (salopp erläutert) ein Zeichen des Typs *Index* dann vor, wenn Bezeichnetes und Zeichen in einer kausalen Beziehung zueinander stehen wie zum Beispiel bei Feuer und Rauch. Zweitens gibt es Zeichen vom Typ *Ikon*, bei denen eine Ähnlichkeitsrelation zum Bezeichneten besteht – wie zum Beispiel beim Verkehrsschild ›Achtung Wildwechsel‹. Und drittens gibt es Zeichen vom Typ *Symbol,* bei denen zwischen Zeichen und Bezeichnetem weder eine kausale noch eine Ähnlichkeits-, sondern statt dessen eine rein konventionelle Beziehung besteht. Die Wörter, die sprachlichen Zeichen, gehören größtenteils zu diesen Symbolen, obwohl es auch noch viele andere Arten von Symbolen gibt. Nun könnte man sagen, daß beim Erkennen des Schafes am Blöken in der Tat ein Zeichenvorgang im Spiel ist: Das Blöken fungiert als Index, als Anzeichen für das Schaf. *Diese* semiotische Beziehung ist aber noch längst keine sprachliche. Freilich kann besagtes Blöken, das als Anzeichen oder Index fungiert, nun seinerseits zum Bezeichneten eines anderen, eines ikonischen Zeichens werden: Man kann das Blöken nachahmen, wobei zwischen dem nachahmenden und dem nachgeahmten akustischen Vorkommnis ja eine Ähnlichkeit besteht. Das hat dann immerhin einiges mit Sprache zu tun und wird bei der Sprachentstehung eine Rolle gespielt haben. Nur muß man, was jetzt wieder Herder angeht, erstens sofort wiederholen, daß selbiges eben nur dann eine Rolle gespielt hat, wenn Nachahmung eine Rolle gespielt hat, womit man erneut beim Interpretationsdilemma von vorhin wäre. Zweitens ist aber auch noch zu bedenken, daß für die Entstehung der eigentümlich menschlichen Sprache mitentscheidend war, daß aus den ikonischen Lautzeichen symbolische Zeichen wurden (im spezifischen Sinne von Peirce). Diesen Aspekt, die Arbitrarisierung der Lautzeichen, hat Herder nahezu gänzlich außer Acht gelassen, um nicht zu sagen: sogar verachtet (vgl. z. B. 725).

Indessen – könnte vielleicht eingewandt werden – wird mit solcher Kritik nicht etwas Zentrales am Herderschen Gedankengang verfehlt? Hatte Herder es nicht auf etwas anderes abgesehen, war es statt der äußeren, lautlichen Seite der Sprache nicht die innere, geistige, deren Ursprung er erfassen wollte? Als Aussage über Herders Intentionen ist das großenteils richtig, nur kann das, was Herder hier offenbar im Auge hatte, gleichfalls nicht so recht überzeugen. Dies auch dann nicht, wenn man von den Schwierigkeiten, die man mit der Feinstruktur der Blöksituation hat, einmal Abstand nimmt. Man würde dann sagen: Was Herder hier meint, ist doch wohl, daß bereits die *Vorstellung* oder der *Begriff* des Lamms letztlich nicht möglich ist, ohne zugleich sprachlich gefaßt zu sein. Der innere, der geistige Kern der Sprache – so würde man Herder verstehen – besteht darin, daß sie bereits vom ersten Anfang an das Denken bestimmt.

Das bringt uns nun zu einigen *systematischen* Erwägungen zum Sprache-Denken-Problem. Ich möchte hier einmal von zwei Fallen reden, in die man geraten kann. Die eine besteht darin zu meinen, Sprache sei nur zum Transport und zur Weitergabe des Denkens da. Dies ist die ältere Sprache-Denken-Problem-Falle. Aus ihr waren bis zur Mitte des 18. Jahrhunderts nicht wenige Denker – wie zum Beispiel Hobbes, Leibniz, Christian Wolf und nicht zuletzt der französische Aufklärer Etienne Bonnot de Condillac – bereits entkommen, indem sie sich die große Bedeutung der Sprache auch für das Denken selbst klargemacht hatten.[5] Praktisch ineins damit tat sich aber die zweite Falle auf. Diese besteht darin, nun umgekehrt zu meinen, es gäbe kein Denken ohne Sprache. Seit zwei bis zweieinhalb Jahrhunderten sind nicht wenige Denker den Gefahren dieser neueren Sprache-Denken-Problem-Falle ausgesetzt – manche ziemlich stark, andere zumindest stellenweise oder zeitweise.

Mir scheint, eines der größten Kunststücke für Grundsatzreflexionen über die Sprache besteht darin, beide Fallen zu vermeiden, das heißt, herauszuarbeiten, wie ungeheuer groß die Bedeutung der Sprache für das Denken in der Tat ist, ohne dabei aber in einen grenzenlosen Lingualismus zu verfallen (in einen Panligualismus – könnte man vielleicht sagen). Herder ist zwar nicht in toto, aber doch in der Preisschrift, nämlich eben an der entscheidenden Blökstelle, in die zweite, die Lingualismus-Falle geraten.

Zum Problem selbst, wie man es heute sehen könnte, möchte ich zunächst eine lapidare Feststellung des Psychologen und Biologen Robin Dunbar (1996:105) zitieren: »[...] language is parasitic on thought«. Dunbar vertritt die These, Sprache sei bei unseren frühen Vorfahren als eine Art soziales Werkzeug entstanden; sie habe das »grooming«, die soziale Fellpflege der (subhumanen) Primaten, in dem Augenblick ersetzt, als dieses als Mittel zum Gruppenzusammenhalt wegen der beim Vor- und Frühmenschen ansteigenden Gruppengröße zu zeitaufwendig und damit kontraproduktiv zu werden drohte. Na bitte, könnte nun jemand sagen, bei jemandem, der Sprache so völlig im Sozialen, Kommunikativen aufgehen läßt, ist es ja kein Wunder, wenn die entscheidende Rolle der Sprache für das Denken verkannt wird. Aber so einfach ist das nicht. Ziehen wir nämlich jetzt einen weiteren Autor heran: den in Honolulu lehrenden Linguisten Derek Bickerton. In zwei eindrucksvollen Büchern von 1981 und 1990 – *Roots of Language* und *Language and Species* – hat er die These entwickelt, daß der entscheidende Selektionsdruck, dem sich die Sprachentstehung verdankte, nicht die Ermöglichung besserer Kommunikation war, sondern die Verbesserung der Repräsentation, also der Art und Weise, wie der Mensch sich ein geistiges Bild von der Welt macht und die Wirklichkeit erkennend erschließt. Im Grundtenor hat das viel Ähnlichkeit mit Wilhelm von Humboldt und eben auch mit Herder, wobei Bickerton seine Sicht mit riesigen Mengen an Befunden aus allen möglichen Forschungsfeldern abstützt. Jedenfalls ist ihm zufolge die Sprache vor allem für das Denken und Erkennen da, und somit ist Bickerton von der ersten der beiden Sprache-Denken-Problem-Fallen meilenweit entfernt. Zugleich vermeidet er aber auch die zweite. Denn er sieht ganz klar: Wie entscheidend auch immer die Sprache für die weitere Entwicklung des Denkens wurde und ist, die ersten Anfänge des Denkens gingen und gehen der Sprache voraus: »[...] something recognizable as thought [...]

---

5   Zur Wichtigkeit von Condillac – nicht zuletzt (obzwar uneingestandenermaßen) auch für Herder – vgl. Franzen, 1996; zur Wirkungsgeschichte 193ff. Vgl. jetzt auch die neue Ausgabe und Übersetzung des für diesen Kontext wichtigsten Werkes von Condillac (2006).

necessarily preceded the earliest forms of anything recognizable as language« (Bickerton, 1981:295). Recht ähnlich hatte dies übrigens mehr als 200 Jahre zuvor schon Condillac formuliert: »[...] on ne peut commencer à parler une langue, que parce qu'avant de parler, on a quelque chose à dire, que parce qu'on a des idées générales [...]« (de Condillac, 1947:307). Salopp formuliert: Man kann mit Sprache erst dann etwas anfangen, wenn schon etwas da ist, *was* man zu sagen hat, wenn man schon über allgemeine Vorstellungen verfügt.

Für die ganze Fragestellung ist es enorm wichtig, zwei Aspekte zu unterscheiden, nämlich den ontogenetischen, der sich auf den individuellen Spracherwerb bezieht, und den phylogenetischen, welcher die Sprachentstehung bei der Gattung Mensch betrifft.[6] Bezüglich des zweiten Aspekts stellt Bickerton (1990:91) die Frage: »Did concepts arise prior to language, or was language the catalyst, that produced them?« Seine Antwort:

> In all probability, language served in the first instance merely to label protoconcepts derived from prelingustic experience. Of course, in the long run it did far more than this, generating its own concepts, like 'absence' or 'unicorn' or 'golden mountain' [...]. But initially, at least, language may have contributed little to conceptualization beyond a means by which its results could be more easily manipulated. (Bickerton, 1990:91f.)

Das, was phylogenetisch den Anfängen der Sprache vorausgegangen sein muß, bezeichnet Bickerton (1990:82 et passim) als »primary representational system«. Dieses enthält ein gewisses Arsenal an elementaren Kategorisierungen für die überlebensrelevanten Faktoren der Realität (etwa Beutetiere, Freßfeinde und ähnliches mehr). Ein solches System lag nach Bickerton – und das saugt er sich natürlich nicht einfach aus den Fingern – spätestens bei den höheren Primaten vor und war dann bei den Vor- und Frühstufen des Menschen die Voraussetzung dafür, daß, gleichsam dort aufsetzend oder sich einhakend, ein zweites Repräsentationssystem, eben die Sprache entstand.

Wenn man Bickerton oder auch Condillac auf die Frage festnageln wollte, was denn eher da war: das Denken oder die Sprache, so würden beide Autoren trotz ihrer Glossophilie sagen (und zwar zurecht): das Denken.[7] Aber dies zu sa-

---

6   Außerdem gibt es natürlich noch den Aspekt der je einzelnen aktuellen Sprachverwendung oder -produktion, der »Aktualgenese«, wie es auch genannt wird; vgl. etwa Hörmann, 1994, z. B. 46, 144, 150 und immer wieder, besonders im Kapitel X über die russische Sprachpsychologie. (Ich danke Gerhard Blanken für einen entsprechenden Hinweis.)

7   Das Folgende greift zum Teil zurück auf Franzen, 1995, besonders Abschnitt 4: Das Wechselverhältnis von Sprache und Denken, 262ff.

gen, ist sehr wohl damit vereinbar, daß Sprache nicht nur für die Weitergabe des Denkens, sondern für die Entwicklung des Denkens selbst unverzichtbar war. Denn daß das Denken zuerst da war, heißt nicht, daß *alles* Denken zuerst und vor der Sprache da war. Es heißt nur, daß erste Anfänge des Denkens zuerst da waren – wenn man so will (wiederum salopp): ein bißchen Denken. Und daß aus diesem bißchen Denken mehr Denken werden konnte, wurde gerade dadurch mit ermöglicht, daß das bißchen Denken – das erste Repräsentationssystem – durch erste Zeichen und Wörter, also durch die Anfänge des zweiten Repräsentationssystems, abgesichert wurde; denn genau das war die Ausgangsposition für einen weiteren Kategorisierungsschub, für die nächsthöhere Stufe des Denkens, die sich dann ihrerseits wieder mit sprachlichen Elementen verknüpfte – und so weiter und so fort, in einem dann immer rasanter werdenden Prozeß wechselseitiger Förderung und Steigerung. Das Denken muß sich immer erst des zuletzt zurückgelegten Wegstücks mit Hilfe der Sprache vergewissern, um den nächsten Schritt tun zu können, *den* aber tut es mitnichten als sprachlichen. Man muß sich unbedingt klarmachen, daß etwas sprachabhängig sein kann, ohne selbst etwas Sprachliches zu sein.[8]

Die Tatsache, daß sich kategoriale Systeme und andere Denkleistungen in sprachlichen Zeichen niederschlagen, wirkt sich dann natürlich auch so aus, daß – um noch kurz den ontogenetischen Aspekt anzudeuten – der individuelle Mensch den ganzen Prozeß des Erwerbs dieses Denkarsenals nicht mühsam in Originallänge nachvollziehen muß, sondern dies mit Hilfe und im Zuge des Erwerbs von Sprache in extrem verkürzter Form tun kann. Ontogenetisch ist es zu erheblichen Teilen tatsächlich so, daß die sprachlichen Strukturen, die als Teil der kulturellen Umgebung schon da sind und in die der einzelne Mensch hineingeboren wird, als Katalysatoren für seine Begriffsbildung wirken. Auf dieser Ebene ist in der Tat die Sprache in mancher Hinsicht – wohlgemerkt: in mancher Hinsicht – dasjenige, was zuerst da ist.[9]

---

8   In meinem genannten Beitrag (Franzen, 1995) habe ich diese wechselseitige Steigerung noch durch ein grafisches Schema veranschaulicht, vgl. 263. – Eine wunderbare Bestätigung für diese Sichtweise fand ich dann bei Michael Tomasello, 2002, wo unter anderem von Wagenhebereffekten die Rede ist, durch welche die jeweiligen Innovationen gegen ein Wiederzurückfallen und -verlorengehen abgesichert und als Plattform für weitere Aufstiege konsolidiert werden (vgl. bes. 14 f., 50ff.).

9   Die Zweiheit von phylo- und ontogenetischer Perspektive scheint mir für das Problem des linguistischen Relativismus zentral zu sein; zur neuesten Diskussion vgl. Gentner & Goldin-Meadow, 2003.

Dieser letzte Gesichtspunkt – das Hineinwachsen der Nachwachsenden in die Sprache und die in ihr verkörperten Denkstrukturen – wurde natürlich auch von Herder angemessen gewürdigt, sowohl in der *Abhandlung* als auch in anderen Schriften.[10] Aber an der Blökstelle der Abhandlung hat Herder das, was ontogenetisch zum Teil zutrifft – daß die Sprache das Denken häufig geradezu induziert – irreführenderweise auch zum Kern des phylogenetischen Vorgangs, des Sprachursprungs, gemacht.

Vielleicht kann man aber nach soviel Bemängelung die Blökpassage jetzt doch wieder etwas aufwerten. Es bleibt zwar dabei, daß die Hauptpointe nicht triftig ist, jedoch hat Herder zu Recht darauf abgehoben, daß die Sprachentstehung nicht nur eine Sache der (Weiter-) Entwicklung lautlich-artikulatorischer Mittel war, sondern daß die innere, die Begriffsbildungsseite mindestens eine genauso wichtige Rolle spielte. Man könnte hier sogar nochmals – und dieses Mal teilweise *pro* Herder – Derek Bickerton (1990:23f.) ins Feld führen, nämlich dessen Grundtenor, Sprache sei entstanden als Weiterentwicklung nicht primär von Kommunikations-, sondern von Repräsentationssystemen. Aber erstens muß man hier sogleich wieder betonen, daß Repräsentation nicht erst mit, sondern bereits ein Stück vor der Sprache anfängt; und zweitens darf man die lautlich-artikulatorische Seite nun nicht umgekehrt zu klein machen. Denn selbstverständlich haben die Änderungen des Vokaltrakts, zumal die Absenkung des Kehlkopfs, für die Entwicklung der menschlichen Sprache eine ganz erhebliche Rolle gespielt. Ein weiterer Faktor war natürlich, daß sich im Gehirn ein entsprechendes Potential zur Steuerung der für die lautliche Artikulation nötigen Fein-Bewegungen ausbildete, denn an der Hervorbringung auch nur eines einzigen einsilbigen Wortes sind nicht weniger als 70 Muskeln beteiligt, deren Aktivität zu koordinieren und vor allem zu sequenzieren eine enorme neuronale Kapazität erfordert. Ja, es wird heute sogar vielfach die These vertreten, für die kulturelle Entwicklung sei die Evolution der feinmotorischen Intelligenz mitentscheidend gewesen, insbesondere auch dadurch, daß die zunächst für Hand- und Fingerfertigkeit ausgebildeten Hirnzentren dann für die Sprachproduktion genutzt beziehungsweise umfunktioniert wurden (vgl. Neuweiler, 2005).

Diese, die neuronalen Gegebenheiten, sind gegenüber dem primär anatomischen und in diesem Sinne äußeren, peripheren Faktor der Vokaltraktentwicklung dann quasi schon eine mehr innere Sache, obwohl andererseits natürlich

---

10   Vgl. vor der *Abhandlung* besonders die Fragmente *Über die neuere deutsche Literatur* von 1767/68 (Herder, 1985), später dann vor allem die *Ideen zur Philosophie der Geschichte der Menschheit*, 1784-1791 (Herder, 1989).

noch längst nicht eine dermaßen innere wie die Bedeutungsseite. Aber auch letztere ist, genauso wie das Motorische und natürlich auch das Sensorische, nach heutigen Einsichten – oder vorsichtiger: nach der Mainstreamsichtweise – gleichfalls eine Angelegenheit neuronaler Strukturen und Prozesse. Die Sprachentstehung ist sicher grob als ein Vorgang zu sehen, in dessen Verlauf diese genannten Komponenten, und wohl zusätzlich noch weitere, allmählich immer besser ineinandergriffen und zusammenwuchsen. In gewisser Weise mag es dabei richtig sein, das Nicht-bloß-Äußere dieses Vorgangs zu betonen, aber andererseits ist bei den mehr inneren Seiten heute nicht mehr so klar, wie stark bei ihnen die alte Aura des Inneren denn noch strahlt.[11]

Man könnte jetzt noch die Frage stellen: Sehen wir denn heute in Sachen Sprachursprung klarer? Die Antwort lautet Jein. Einerseits nämlich hat seit Herders Zeiten die Menge des für die Sprachursprungsfrage relevanten Wissens ganz ungeheuerlich zugenommen, andererseits jedoch sind wir – und zwar zum Teil gerade deshalb – von einem auch nur halbwegs gesicherten und mehrheitlich akzeptierten Bild nach wie vor weit entfernt. Vielmehr gibt es, durchaus ähnlich wie zu Herders Zeiten, in vielen wichtigen Punkten hochkontroverse Auffassungen. Übrigens besteht auch sonst eine starke Analogie zwischen der heutigen Sprachdiskussion und derjenigen vor zweieinhalb bis zwei Jahrhunderten. Daß heute – beziehungsweise seit ca. 30 Jahren – wieder intensiv über die Sprachentstehung diskutiert wird, dürfte nicht zuletzt an dem jüngsten dramatischen Schub an anthropologisch relevanten Daten und Theorien in allen möglichen Wissenschaftssparten liegen. Dies war um die Mitte und dann in der zweiten Hälfte des 18. Jahrhunderts recht ähnlich, und zumal was Herder betrifft, hat die Forschung längst herausgearbeitet, wie ausgiebig er das medizinisch-naturkundliche Wissen seiner Zeit für sein Denken genutzt hat (vgl. Gesche, 1993).

Freilich gibt es zwischen der damaligen und der heutigen Sicht der Menschwerdung tiefgreifende Unterschiede, die vor allem mit dem neu hinzugekommenen darwinistischen Selektionsgedanken zusammenhängen. Dieser ist es denn auch, wodurch die Sprachursprungsthematik in letzter Zeit ihre stärkste Grundmodellierung erhält. Zahlreiche einschlägige Beiträge stehen unter der

---

11   Der begrenzte Rahmen läßt es nicht zu, noch auf einige jüngere Deutungen der Blökstelle einzugehen, wie zum Beispiel die von Ulrich Gaier (1990), der in der Ursprungsabhandlung eine bewußt mehrstimmige Inszenierung von hintersinnigen Ambivalenzen sehen will, oder auch die derrida-isierende Interpretation von Ralf Simon (2001), Herder habe trotz der oberflächlich *phono*zentristischen Rhetorik der Sache nach auf den Ursprung von *Schrift* abgezielt. So anregend diese Deutungen sein mögen, so wenig wird mit ihnen meines Erachtens das oben herausgestellte Herdersche Grundmanko saniert.

Leitfrage: Welcher Selektions- oder Anpassungsdruck hat die Sprache hervor-
getrieben beziehungsweise ihre Entstehung ermöglicht oder begünstigt? Und
das ist zu erheblichen Teilen eben identisch mit der Frage, worin der entscheidende Vorteil der Sprache besteht – beziehungsweise zumindest am Anfang be-
standen hat (zum Stand der Debatte vgl. etwa Christensen & Kirby, 2003).

Nun, wie man *das* – aufgrund des vorliegenden Materials aus Paläontologie,
Evolutionsbiologie, Hirnforschung und diversen anderen involvierten Disziplinen, natürlich einschließlich der Linguistik – heute am ehesten zu sehen hat,
darüber gibt es Uneinigkeit noch und noch. Weit auseinander liegen die Einschätzungen bereits bei der Frage, wann und bei welcher Spezies innerhalb der
Entwicklung der Gattung Mensch, deren ›Stammbaum‹ zur Zeit ja ohnehin alle
zwei, drei Jahre umgeschrieben wird, erstmals Sprache oder irgendwie Sprachliches anzusetzen ist. Vielleicht schon im späten Übergangsfeld von den Austra-
lopithecinen zu Homo habilis oder Homo rudolfensis, also vor zwei Millionen
Jahren? Oder doch erst – jedenfalls in nennenswertem Sinne und Maße – bei
Homo sapiens sapiens, vielleicht grob 50.000 Jahre vor heute? Eine interessante
Zwei-Stufen-Erwägung findet sich bei Bickerton (1998): Die Entwicklung
eines Vokabulars habe schon bei Homo erectus eingesetzt, die Grammatikfähig-
keit hingegen, die dann letztlich für die Sprache entscheidend wurde, sei erst
bei Homo sapiens hinzugekommen, vielleicht durch eine sehr plötzliche, »kata-
strophische« Mutation. Wie man sieht, ist und bleibt hier vieles hochspekulativ.

Aber – a propos Grammatik: Daß dieses Stichwort nicht schon früher fiel,
liegt daran, daß hier primär von Herder die Rede ist und Herder nicht primär
über Grammatik geredet hat. Er hat diesen Aspekt nicht ignoriert, aber auch
nicht besonders hervorgehoben. Dies änderte sich dann entscheidend bei Wilhelm von Humboldt, und erst recht ist in den letzten Jahrzehnten dieser ganze
Komplex gewaltig in den Vordergrund gerückt. Indessen muß auch hier vieles
offen bleiben – beziehungsweise vieles, was zeitweilig fast zur Standardauffas-
sung, ja zu einer Art Pop-Linguistik avanciert war, gerät wieder ins Wanken.
Die ›Grammatik-Freaks‹ auf der Linie des Chomsky-Paradigmas, die in star-
kem Maße angeborene Strukturen, ja geradezu einen Sprachinstinkt ansetzen
(vgl. Pinker, 1996), sehen sich inzwischen starken Zweifeln ausgesetzt, zum
Beispiel einem frontalen Angriff von Terrence Deacon (1997): Der Nativis-
mus/Innatismus erkläre gar nichts, vielmehr seien die Dinge, die er zu erklären
suche (wie zum Beispiel die Schnelligkeit und Mühelosigkeit des kindlichen
Spracherwerbs) auf andere Weise viel besser zu erklären, nämlich vor allem
durch die Annahme einer Ko-Evolution von Sprache und Gehirn sowie durch
die Wirksamkeit von darwinistischer Selektion auch auf der neuronalen Ebene
jedes Individuums. Deacon bestreitet auch die für die Chomsky-Linie so wich-

tige Eigenständigkeit und Vorrangigkeit der Grammatik.[12] Demgemäß hätte dann Herder sogar richtig gelegen, als er dem Grammatikthema nicht soviel Aufmerksamkeit widmete. Für Deacon jedenfalls bleibt die prinzipielle Symbolisierungsfunktion der wichtigste und vorrangige Faktor an der Sprache.[13]

Was die Frage nach dem Hauptselektionsdruck für die Sprachentstehung angeht, so konkurrieren hier nach wie vor zwei alte Grundauffassungen miteinander: a) diejenige, wonach das Eigentliche der Sprache in der sozialen Dimension liegt, und b) diejenige, wonach Sprache vor allem für das Denken da ist. Ich spreche abkürzend und ziemlich holprig von *Kommunikationisten* einerseits und *Repräsentationisten* andererseits. Im großen und ganzen scheint es sich mittlerweile so zu verhalten, daß weder die Kommunikationisten die Bedeutung der Sprache für das Denken unterschätzen noch die Repräsentationisten alles Denken mit Sprache zusammenfallen lassen. Außerdem sehen Kommunikationisten den Vorteil, den die Sprache zunächst brachte, nicht unbedingt einfach bloß darin, daß die Frühmenschen sich mit sprachlichen Mitteln zum Beispiel bei der Jagd besser verständigen und miteinander kooperieren konnten – nach dem Muster: »Am Fluß ist ein Bison – lauft ihr dahinter rüber!« Auch das war wichtig, aber mindestens genauso oder noch mehr bestand, gemäß dieser verfeinerten kommunikationistischen Sichtweise, der Selektionsvorteil darin, daß Sprache neue und ungleich subtilere und reichhaltigere Formen des sozialen Zusammenlebens ermöglichte.

Ob nun dieses – das soziale – Moment oder aber das andere, das kognitive, gewichtiger war, muß vorerst wohl offenbleiben. Vermutlich wird die Bestimmung des Verhältnisses dieser beiden Momente zueinander die zukünftigen Auseinandersetzungen über Sprache und Sprachentstehung am meisten prägen, möglicherweise einmal in Form einer integrativen Theorie. Zum Beispiel könnte man vielleicht sagen: Ja, es stimmt, durch Sprache eskalierten in unge-

---

12　Übrigens widerspricht auch Michael Tomasello in seiner jüngst entwickelten Spracherwerbstheorie (2003) entschieden der Fixiertheit auf den Grammatikaspekt.

13　Eine ganz andere, aber gleichfalls ›anti-grammatische‹ Sprachevolutionsthese vertritt Andrew Carstairs-McCarthy (1999). Der Autor hält die Veränderungen des Vokaltrakts bei Homo erectus für absolut entscheidend, nämlich auch für den Auslöser der Enwicklung hin zu doppelter Artikulation und Syntax. Das durch besagte Vokaltrakt-Veränderungen erheblich erweiterte Lautrepertoire habe nämlich, um semantisch einsetzbar zu werden, in Silben organisiert werden müssen, und dies sei in Sonoritätsmustern erfolgt, deren neuronale Realisierung dann das Modell geliefert habe für die Herausbildung der typischen hierarchischen Konstituentenstruktur in der Syntax.

heurem Maße die Möglichkeiten der Kommunikation, aber dies vor allem deshalb, weil Sprache symbolische Repräsentation bedeutet und damit eben eine qualitativ neue und höhere Form von Kommunikation. Und mit umgekehrter – oder auch komplementärer – Stoßrichtung könnte man sagen: Ja, es stimmt, entscheidend war die sprachlich ermöglichte Entwicklung zu subtilerer Repräsentation, aber als Vorteil realisierte sich dies zunächst vor allem bei der Bewältigung komplexerer Sozialbeziehungen. In jedem Fall aber darf man vermuten, daß die ganze Sprachentstehungsdiskussion auch fürderhin auf's engste verknüpft sein wird mit den grundlegenden anthropologischen Fragen, und zumindest in dieser Hinsicht bleiben wir am Ende dann doch stark auf den Spuren von Johann Gottfried Herder.

Literatur

Bickerton, D. (1981) *Roots of Language.* Ann Arbor: Karoma

Bickerton, D. (1990) *Language and Species.* Chicago, London: University of Chicago Press

Bickerton, D. (1998) Catastrophic evolution: a case for a single step from protolanguage to full human language. In: Hurford, J. R., Studdert-Kennedy, M. & Knight, Ch. (eds.) *Approaches to the Evolution of Language.* Cambridge: University Press. 341-358.

Carstairs-McCarthy, A. (1999) *The Origins of Complex Language.* An Inquiry into the Evolutionary Beginnings of Sentences, Syllables, and Truth. Oxford: University Press.

Christiansen, M. H. & Kirby, S. (2003) *Language Evolution.* Oxford: University Press.

de Condillac, E. B. (1947) *Oeuvres philosophiques de Condillac.* Hg. v. G. Le Roy. Bd. I. Paris: Presses Universitaires de France.

de Condillac, E. B. (2006) *Versuch über den Ursprung der menschlichen Erkenntnis.* Übs. u. hg. von A. Oppenheimer. Würzburg: Königshausen und Neumann.

Deacon, T. (1997) *The Symbolic Species.* The Co-Evolution of Language and the Brain. New York, London: Norton.

Dunbar, R. (1996) *Grooming, Gossip and the Evolution of Language.* London: Faber & Faber.

Franzen, W. (1995) Die Sprachen und das Denken. Zum Stand der Diskussion über den »linguistischen Relativismus«. In: Trabant, J. (Hg.) *Sprache denken.* Positionen aktueller Sprachphilosophie. Frankfurt/Main: Fischer. 249-268.

Franzen, W. (1996) Etienne Bonnot de Condillac (1714-1780). In: Borsche, T. (Hg.) *Klassiker der Sprachphilosophie.* München: Beck. 179-195.

Gaier, U. (1990) Herders Abhandlung über den Ursprung der Sprache als »Schrift eines Witztölpels«. In: Gabriel, G. & Schildknecht, Ch. (Hg.) *Literarische Formen der Philosophie.* Stuttgart: Metzler. 155-165.

Gentner, D. & Goldin-Meadow, S. (eds. 2003) *Language in Mind.* Advances in the Study of language and Thought. Cambridge: MIT Press.

Gesche, A. (1993) *Johann Gottfried Herder: Sprache und die Natur des Menschen.* Würzburg: Königshausen & Neumann

Herder, J. G. (1985) *Werke in zehn Bänden. Bd. 1: Frühe Schriften.* Hg. v. Ulrich Gaier. Frankfurt/Main: Deutscher Klassiker Verlag. 695-811.

Herder, J. G. (1989) *Werke in zehn Bänden. Bd. 6: Ideen zur Philosophie der Geschichte der Menschheit.* Hg. v. M. Bollacher. Frankfurt/Main: Deutscher Klassiker Verlag.

Herder, J. G. (1977) *Briefe. Gesamtausgabe 1763-1803.* Bd. II, Mai 1771 – April 1773. Bearb. v. W. Dobbek und G. Arnold. Weimar: Böhlau.

Herder, J. G. (2005) *Sprachphilosophie. Ausgewählte Schriften.* Hg. v. E. Heintel. Mit einer Einleitung von U. Zeuch. Hamburg: Meiner.

Hörmann, H. (1994) *Meinen und Verstehen.* Grundzüge einer psychologischen Semantik. 4. Aufl. Frankfurt/Main: Suhrkamp.

Kieffer, B. (1978) Herder‹s Treatment of Süssmilch's Theory of the Origin of Language in the Abhandlung über den Ursprung der Sprache: A Re-Evaluation. *The Germanic Review, 53,* 96-105.

Liebrucks, B. (1964) *Sprache und Bewußtsein.* Bd. 1: Einleitung, Spannweite des Problems: Von den undialektischen Gebilden zur dialektischen Bewegung. Frankfurt/Main: Akademische Verlagsgesellschaft.

Neuweiler, G. (2005) Der Ursprung unseres Verstandes. *Spektrum der Wissenschaft, 1,* 26-31.

Pape, P. (1996) Charles Sanders Peirce (1839-1914). In: Borsche, T. (Hg.) *Klassiker der Sprachphilosophie.* München: Beck. 307-324.

Peirce, C. S. (1960) *Collected Papers of Charles Sanders Peirce.* Vol. 1-2. Hg. v. Ch. Harshorne & P. Weiss. Cambridge: University Press.

Pinker, S. (1996) *Der Sprachinstinkt.* Wie der Geist die Sprache bildet. München: Kindler.

Seebaß, G. (1981) *Das Problem von Sprache und Denken.* Frankfurt/Main: Suhrkamp.

Simon, R. (2001) Die Nachträglichkeit des Ursprungs. Zu Herders Sprachursprungsschrift, Älteste Urkunde, Theorie der Ode. *Zeitschrift für Ästhetik und allgemeine Kunstwissenschaften, 45,* 217-242.

Tomasello, M. (2002) *Die kulturelle Entwicklung des menschlichen Denkens.* Frankfurt/Main: Suhrkamp.

Trabant, J. (2000) Inner bleating. Cognition and communication in the language origin discussion. In: Menges, K., Koepke, W. & Otto, R. (Hgg.) *Herder Jahrbuch / Herder Yearbook 2000.* [Bd. 5] – Studien zum 18. Jahrhundert. Stuttgart, Weimar: Metzler. 1-19.

Tomasello, M. (2003) *Constructing a Language. A usage-based Theory of Language Acquisition.* Cambridge: Harvard University Press.

Abstract

Inner Bleating?

J. G. Herder's "Treatise on the Origin of Language" from the angle of recent debates on the problem of language and thougt and on the origin of language

Herder's famous "Treatise on the Origin of Language" (1772) contains some important statements on the relationship between language and thought. However, a critical discussion has as its result that these statements – at least in some respects – are not convincing, particularly because they identify too strongly the formation of marks or properties ('Merkmale') with the making of words. Furthermore it is asked how Herder's thoughts on the origin of language relate to some aspects of modern investigations in this questions and debates about it.

Anschrift:
Prof. Dr. Winfried Franzen
Professur für Praktische Philosophie
Universität Erfurt
Postfach 900221
99105 Erfurt
E-Mail: winfried.franzen@uni-erfurt.de

Die Sprache als Medium des Denkens

Alex Burri

Universität Erfurt, Lehrstuhl für Theoretische Philosophie

Ich argumentiere dafür, daß die natürliche Sprache das Vehikel des Denkens ist, und grenze mich dadurch sowohl von der empiristischen Vorstellung ab, das Denken bestehe in der Verarbeitung analoger beziehungsweise sensorischer Repräsentationen, als auch von Jerry Fodors Behauptung, kognitive Prozesse beruhten auf dem Gebrauch eines angeborenen symbolischen Systems (einer »Sprache des Denkens«). Dabei stütze ich mich weder auf Beobachtungsdaten noch auf introspektive Befunde, sondern auf systematische Überlegungen zur Frage, welche übergeordnete Rolle kognitive Prozesse in der Erzeugung menschlichen Verhaltens spielen. Am Schluß des Aufsatzes gehe ich zudem auf zwei gewichtige Einwände gegen meine Hauptthese ein.

Mit den Arbeiten von Gottlob Frege, Ludwig Wittgenstein und den Autoren des Wiener Kreises ist die Sprachphilosophie zu Beginn des zwanzigsten Jahrhunderts zur *prima philosophia* avanciert und hat damit die Erkenntnistheorie als »Erste Philosophie« abgelöst. Während etwa Descartes, Hume oder Kant der Meinung gewesen waren, nur eine eingehende Beschäftigung mit den Grundlagen, Methoden und Grenzen der Erkenntnisgewinnung könne das philosophische Denken vor heilloser Spekulation bewahren und zu einer respektablen, fortschrittsfähigen Wissenschaft machen, sahen jene jüngeren Denker die Remedur in einem besseren Verständnis der Sprache.[1] Letztere ist nämlich nicht nur das Darstellungsmedium allen Wissens, sondern auch das Substrat des deduktiven und induktiven Schließens, also des Denkens in einem methodologischen, normativen beziehungsweise nicht-psychologischen Sinne des Wortes.

Auf die Erörterung der Frage nach dem Verhältnis zwischen der Sprache und dem Denken *qua* kognitivem Vorgang hatte dieser philosophische Paradigmenwechsel hingegen keinen unmittelbaren Einfluß. Schließlich ging es den Autoren, welche die »Wende zur Sprache« eingeleitet und propagiert hatten, primär

---

1   Die entsprechenden Gründe habe ich anderswo erörtert; vgl. Burri (1994a:53-59; 1997:1-12).

um eine neue Fundierung der Wissenschaften im allgemeinen und der Philosophie im besonderen. Indessen können, wie im folgenden gezeigt werden soll, ihre Einsichten einiges dazu beitragen, althergebrachte Vorstellungen über die Natur der menschlichen Kognition – ich denke dabei vor allem an die empiristische Auffassung von Locke oder Hume – nachhaltig zu unterminieren. Im Lichte dessen, was die Sprachphilosophie des zwanzigsten Jahrhunderts und die in ihrem Fahrwasser entstandene neuere Philosophie des Geistes an Befunden zusammenzutragen vermochten, läßt sich mit anderen Worten Erhellendes darüber aussagen, wie unser Denken (im engeren, psychologischen Sinne) eigentlich beschaffen ist.

Ist die Frage empirisch?

Nun scheint die Frage nach der Beziehung zwischen der Sprache und dem Denken als innerem Vorgang aber im Unterschied zur methodologischen Frage nach der richtigen Logik oder nach den korrekten Prinzipien der Induktion eine *empirische* zu sein und mithin als Gegenstand einer philosophischen Untersuchung nicht in Betracht zu kommen. Wie unser Denken *de facto* vonstatten geht, mit was für einem Repräsentationsmedium es operiert und in welchem Verhältnis dieses Denkvehikel zur Sprache steht, kann letztlich, so hat es den Anschein, nur die empirische Psychologie oder die Neurologie beantworten. Demgegenüber hat eine apriorische oder quasi-apriorische Analyse, wie sie der Philosophie eigen ist, im Zusammenhang mit einer derart spezifischen Fragestellung vorgeblich nichts zu suchen.

Dem ist indessen nicht so. Zwar müssen bei der Beantwortung unserer Leitfrage kontingente Sachverhalte Berücksichtigung finden (siehe unten), doch macht dies die betreffende Betrachtung *per se* noch nicht zu einer empirischen – zumindest nicht im engeren, experimentellen Sinne von »empirisch«. Würde man zum Beispiel die Frage, ob sich das menschliche Denken in einem symbolischen (sprachlichen) oder analogen (etwa bildlichen) Repräsentationsmedium abspielt, experimentell angehen wollen, wäre man nämlich mit einem grundsätzlichen Hindernis konfrontiert: Die Daten, die man dabei zusammenzutragen vermöchte, hätten entweder das verbale beziehungsweise nicht-verbale Verhalten der untersuchten Person oder deren – etwa mit Hilfe der Kernspintomographie zugänglich gemachten – Gehirnaktivitäten zum Gegenstand.

Selbst bei diesen von außen beobachtbaren Gehirnaktivitäten handelt es sich jedoch nur um das neuronale Korrelat des Denkens. Um folglich entscheiden zu können, ob bestimmte neuronale Aktivationsmuster symbolischer oder analoger Natur sind, müßte man vorgängig bereits eine verläßliche Zuordnung zwischen den (unterschiedlichen Arten von) Mustern, die einem die Kernspintomographie zu beobachten erlaubt, und den (unterschiedlichen Arten von) Denkprozessen, wie sie dem untersuchten Subjekt bestenfalls aus der phänomenologischen Innenperspektive zugänglich sind, vorgenommen haben. Und das hieße wiederum, daß man die Lösung des in Frage stehenden Problems schon kennen müßte.[2]

Was für die Gehirnaktivitäten gilt, trifft *mutatis mutandis* erst recht auf das beobachtbare Verhalten des untersuchten Subjekts zu. Um von seinen verbalen und nicht-verbalen Reaktionen verläßliche Rückschlüsse auf die Natur seines Denkens ziehen zu können, müßten man erstere schon vorab in verläßlicher Weise mit den fraglichen Arten von Denkvorgängen korreliert haben, also längst wissen, welcher Typ von innerem Vorgang mit einem bestimmten Reaktionsschema einhergeht.

Das bedeutet allerdings nicht, daß nur die Phänomenologie – die sorgfältige, an Husserl geschulte Beschreibung introspektiver Befunde – Licht auf die Beschaffenheit unserer Kognition zu werfen vermöchte. Im Gegenteil scheint dem Bewußtsein das Denken als innerer Vorgang hierfür nur unzureichend zugänglich zu sein. Denn erstens dürfte sich ein nicht unerheblicher Teil solcher Prozesse »im dunkeln« abspielen,[3] und zweitens laufen diese vergleichsweise schnell ab. Ihnen introspektiv auf der Spur zu bleiben, ist entsprechend schwierig, zumal das phänomenologisch unter Beobachtung stehende Denken ja seinerseits schon einen Großteil der eigenen Aufmerksamkeit in Anspruch nimmt und letzterer die erforderlichen Ressourcen mithin kaum in hinreichendem Maße zur Verfügung stehen dürften.

---

2   Daß mentale Zustände und Vorgänge, welche aus der Innenperspektive nicht eindeutig klassifiziert werden können, auch mit experimentellen Verfahren nicht eindeutig klassifiziert zu werden vermögen, weil sich die entsprechenden technischen Hilfsmittel nicht kalibrieren lassen, ist eine wichtige Einsicht, auf die Williamson (2000:109f.) hingewiesen hat.

3   So ist, um nur einen Punkt zu nennen, das Verstehen einer mündlichen oder schriftlichen Äußerung sicher ein paradigmatischer Fall eines kognitiven Prozesses. Ein solcher Prozeß geht jedoch, wie schon der Wittgenstein-Schüler Friedrich Waismann bemerkt hat, nicht zwangsläufig mit bewußten Vorstellungen einher: »Und ist es schließlich immer wahr, daß beim Hören des Wortes ›rot‹ die Vorstellung von etwas Rotem auftaucht? Stellt man sich bei den Worten ›Der Krieg der weißen und roten Rosen‹ wirklich die Farben Weiß und Rot vor? – Der Leser beobachte sich, was in ihm vorgeht, wenn er ein Buch liest: Ruft da wirklich jedes Farbwort, das er liest, die entsprechende Farbvorstellung wach? Und wenn nicht – würde er sagen, er habe das Gelesene nicht verstanden?« (Waismann, 1976:233f.).

Wie ist das Verhältnis zwischen Sprache und Kognition jedoch methodologisch anzugehen, wenn dessen Untersuchung weder experimentell noch phänomenologisch in aussichtsvoller Weise durchgeführt zu werden vermag? Meines Erachtens kann die richtige Antwort nur lauten: *systematisch*. Systematisch ist eine Untersuchung, wenn sie das Denken nicht als isoliertes Phänomen betrachtet, sondern in einen größeren Zusammenhang einbettet, also insbesondere in Rechnung zu stellen versucht, welche Rolle die Kognition innerhalb des menschlichen Lebens spielt, welche Aufgaben sie erfüllt und was eine allgemeine Theorie der Kognition infolgedessen zu leisten beziehungsweise zu erklären hat. Daraus lassen sich dann, so meine ich, erhellende Rückschlüsse auf die Beschaffenheit des Mediums ziehen, innerhalb dessen sich das menschliche Denken vollzieht.

Denken und Verhalten

Der Mensch ist, wie zumindest einige andere höhere Säugetiere auch, ein intentionales System im Sinne Daniel Dennetts – also ein Akteur, dessen Verhalten wir uns durch die Zuschreibung von intentionalen Zuständen wie Wünschen, Absichten und Überzeugungen verständlich machen (vgl. Dennett, 1987:15). Wenn wir uns die Handlung eines solchen Akteurs verständlich machen, bedienen wir uns implizit oder explizit eines sogenannten praktischen Syllogismus, also eines logischen Schlusses, dessen Prämissen im wesentlichen die der Handlung zugrundeliegenden Wünsche und Überzeugungen charakterisieren und dessen Konklusion die Handlung selbst beschreibt. Wollen wir beispielsweise wissen, warum Peter zur Straßenbahnstation rennt, so nimmt der entsprechende Syllogismus in etwa die folgende Form an:

P1) Peter will die nächste Straßenbahn erreichen

P2) Peter glaubt, daß er die nächste Straßenbahn nur dann erreicht, wenn er zur Straßenbahnstation rennt

P3) Peter ist in der Lage, zur Straßenbahnstation zu rennen

P4) Für alle Subjekte S und alle Propositionen p und q gilt: Wenn [S will, daß q, und S glaubt, daß (nur wenn p, dann q), und S in der Lage ist, p zu tun], dann tut S p

K)   Folglich rennt Peter zur Straßenbahnstation. (Vgl. Burri, 2004:195f.)

Darin charakterisiert die Prämisse P1) den handlungsrelevanten Wunsch, P2) eine Überzeugung, wonach nur das Ergreifen eines bestimmten Mittels diesen Wunsch respektive Zweck zu realisieren vermag, P3) eine Zustandsbeschreibung des Akteurs und P4) ein allgemeines psychologisches Gesetz, welches die Interaktion zwischen Wünschen, entsprechenden Zweck-Mittel-Überzeugungen und daraus resultierenden Handlungen regelt. Zusammengenommen implizieren die vier Prämissen die Konklusion; sie erklären mithin auch, warum sich der Akteur in der von der Konklusion beschriebenen Weise verhält.

Relativ zu diesem Erklärungsmodell, das auch als »belief-desire psychology« bezeichnet wird, kommt der Kognition im wesentlichen die Funktion zu, die Wünsche und Überzeugungen – dabei handelt es sich um die beiden fundamentalen Kategorien intentionaler Zustände[4] – so zueinander in Beziehung zu setzen und aufeinander abzustimmen, daß der betreffende Akteur seine Absichten in effizienter Weise zu realisieren vermag. Insofern steht das Denken im Dienste des erfolgreichen oder zumindest zweckdienlichen Handelns. Deswegen ist die Kognition *qua* logische, Prinzipien wie P4) unterliegende Verarbeitung von Wünschen und Überzeugungen etwas, was Handlungen generiert und das Zustandekommen derselben infolgedessen auch erklärt. Der praktische Syllogismus dürfte darum *grosso modo* auch den Verlauf wiedergeben, den das Denken beim Fällen einer Handlungsentscheidung nimmt.

Warum trägt nun aber dieses allgemeine Modell des Denkens zur Beantwortung der Frage bei, in welchem Verhältnis letzteres zur Sprache steht beziehungsweise in welchem Repräsentationsmedium kognitive Prozesse vonstatten gehen? Zwei Gesichtspunkte vermögen hier die entscheidende Brücke zu schlagen: Der erste betrifft die Natur respektive Beschaffenheit der Wünsche und Überzeugungen, deren Verarbeitung das Denken dient, und der zweite den Umstand, daß auch das Sprechen und Kommunizieren eine Form des Handelns ist.

Wünsche und Überzeugungen sind sogenannte propositionale Einstellungen, das heißt geistige Zustände, die eine Proposition zum Inhalt haben und die sich hinsichtlich der jeweiligen Einstellung zu dieser Proposition voneinander unterscheiden: Zu glauben, daß es morgen regnen wird, bedeutet, die Proposition (den möglichen Sachverhalt), daß es morgen regnen wird, für wahr zu halten; sich wünschen, daß es morgen regnen wird, heißt wollen, daß jene Proposition wahr wird.[5] Eine Überzeugung und ein Wunsch können also dieselbe Proposition zum Inhalt haben. Überdies kann eine propositionale Einstellung

---

4　Warum Wünsche und Überzeugungen die grundlegenden Arten intentionaler Zustände sind, erklärt John R. Searle (1983:29-36).

5　Wünsche und Überzeugungen unterscheiden sich mit anderen Worten hinsichtlich ihrer sogenannten »direction of fit« voneinander. Im Falle einer Überzeugung paßt sich die Proposition der Realität an, während sich im Falle eines Wunsches die Realität an die Proposition anpassen soll. Siehe Searle (1983:7f.).

einen logisch komplexen Inhalt besitzen: So glaube ich beispielsweise, daß die relative Luftfeuchtigkeit 100 Prozent beträgt, *wenn* es regnet.

Es sind die beiden zuletzt genannten Merkmale, die erklären, wie Wünsche und Überzeugungen innerhalb eines Denkprozesses, wie er vermittels eines praktischen Syllogismus dargestellt wird, überhaupt miteinander zu interagieren vermögen. Bezöge sich die in der obigen Prämisse P2) wiedergegebene Überzeugung nicht auf einen logisch komplexen Inhalt, dessen einer Teil mit dem Inhalt des von P1) beschriebenen Wunsches identisch wäre, bliebe völlig uneinsichtig, warum das Haben dieser beiden propositionalen Einstellungen letztlich gerade zur besagten Handlung (Peters Spurt) führen sollte. Es sind mit anderen Worten die Gemeinsamkeiten respektive Überschneidungen in ihren jeweiligen Inhalten, welche erklären, warum propositionale Einstellungen in der von praktischen Syllogismen beschriebenen Weise kausal miteinander interagieren:

> Mental states (including, especially, token havings of propositional attitudes) interact causally. Such interactions constitute the mental processes which eventuate (inter alia) in the behaviors of organisms. Now, it is crucial to the whole program of explaining behavior by reference to mental states that the propositional attitudes belonging to these chains are typically *non*-arbitrarily related in respect of their content. [...] The paradigm situation [...] is the one where propositional attitudes interact causally and do so *in virtue of* their content. And the paradigm of this paradigm is the practical syllogism. (Fodor, 1991:327f.)[6]

Bereits die wiederkehrenden Schemenbuchstaben »*p*« und »*q*« in P4) dürften ja hinlänglich klar gemacht haben, daß eine Gesetzesaussage über die kausalen Relationen zwischen Wünschen und Überzeugungen inhaltliche Identitäten beziehungsweise Querbezüge unter den propositionalen Einstellungen voraussetzt. Daraus folgt nun jedoch, daß ein kognitiver Prozeß in der Manipulation von mentalen Repräsentationen bestehen muß, welche erstens Propositionen zum Inhalt haben, zweitens in syllogistischer Manier verarbeitet werden können und drittens zur Implementierung sowohl von Wünschen als auch von Überzeugungen dienen können. Und dafür kommen nur *Sätze* in Frage, weil zum einen nur Sätze ausdrucksstark und vielfältig genug sind, um alle von uns geglaubten Propositionen repräsentieren zu können,[7] und weil zum anderen nur satzartige Repräsentationen über eine Syntax und damit über den systematischen inneren Aufbau verfügen, der zur logischen Verrechnung einander

---

6   Fodors Hervorhebungen. Anderswo schreibt er: »[C]ausal relations among propositional attitudes somehow typically contrive to respect their relations of content, and belief/desire explanations often turn on this« (Fodor, 1987:12).

überlappender propositionaler Teilinhalte unerläßlich ist (vgl. Fodor, 1987:18-20, sowie Fodor, 1990:16-20).

Das in Gestalt praktischer Syllogismen ablaufende Denken besteht also in der internen Verarbeitung symbolischer, das heißt sprachlicher mentaler Repräsentationen. Laut dem von Jerry Fodor propagierten Modell ist das Haben einer Überzeugung beziehungsweise eines Wunsches nämlich nichts anderes als das jeweilige Gespeichertsein eines Satzes in einem besonderen funktionalen Teil des Gehirns, den er der Einfachheit halber »belief box« beziehungsweise »desire box« nennt. Wenn ich beispielsweise glaube, daß der schönste Platz Europas in Nancy liegt, dann befindet sich in meiner *belief box* der Satz »Der schönste Platz Europas liegt in Nancy«, während mein Wunsch, im nächsten Urlaub den schönsten Platz Europas zu sehen, darin besteht, daß meine *desire box* den Satz »Im nächsten Urlaub sehe ich den schönsten Platz Europas« enthält (vgl. Fodor, 1987:16f.)

Für sich genommen repräsentiert ein neuronal implementierter Satz also bloß den *Inhalt* der jeweiligen propositionalen Einstellung, während der *Ort*, an dem er gespeichert ist, darüber bestimmt, welche psychische Einstellung das Subjekt zu diesem Inhalt einnimmt: Ist ein Satz in der *desire box* abgelegt, so wirkt sich dieser Umstand kausal nämlich anders aus, als wenn derselbe Satz in der *belief box* gespeichert ist, und genau das macht den funktionalen Unterschied zwischen einem Wunsch (als einer Triebfeder des Handelns) und einer Überzeugung (als einer bloßen Information über die Außenwelt) aus. Dessen ungeachtet können die betreffenden Sätze von einem Ort zum anderen transferiert werden. Insbesondere ist es naheliegend anzunehmen, daß beim syllogistischen Denken die in den Schachteln abgelegten Sätze in einen »Hauptprozessor« – dabei handelt es sich wohl um den Sitz unseres Bewußtseins – kopiert und dort gemäß logischen Regeln verarbeitet werden, um schließlich in veränderter Form in die Überzeugungs-, die Wunsch- oder die Entscheidungs-Schachtel zurückkopiert zu werden.

---

7   Bildliche Repräsentationen im besonderen und analoge (das heißt nicht-symbolische) Repräsentationen im allgemeinen sind nicht nur unfähig, unanschauliche Inhalte wiederzugeben – ich glaube zum Beispiel, *daß es überabzählbar viele reelle Zahlen gibt* –, sondern auch impotent, logische Konstanten darzustellen. Kein Bild kann beispielsweise die von mir geglaubten Propositionen repräsentieren, daß Al Gore *oder* George Bush die Wahl gewinnen wird, daß *alle* Menschen sterblich sind oder daß es *keine* Einhörner gibt (letztere ist für eine analoge Repräsentation ein besonders hoffnungsloser Fall). Vgl. Burri (1994b:344-349).

Allerdings vertritt Fodor darüber hinaus noch eine These, wonach das symbolische Repräsentationsmedium, das den propositionalen Einstellungen und der Kognition als Grundlage dient, keine erlernte, natürliche, sondern vielmehr eine angeborene, psychologisch universelle *Sprache des Denkens* (»Mentalese«) sei.[8] Dies halte ich im Gegensatz zum Rest seines Modells hingegen für unplausibel; weit überzeugender scheint mir die Annahme, wir bedienten uns bei kognitiven Prozessen einer natürlichen Sprache wie etwa des Deutschen oder Französischen (vgl. Burri, 1997:21f. und 28f.). Denn nur so – ich beschränke mich hier zunächst auf einen einzigen Punkt – läßt sich überhaupt erklären, warum die menschliche Erfindung natürlicher Sprachen in phylogenetischer Hinsicht ein derart unglaublicher *Intelligenzverstärker* gewesen ist.[9]

Unbegrenztes Verstehen

Die vorangehenden Überlegungen zielten darauf ab, von der *Funktion* des Denkens Rückschlüsse auf die Beschaffenheit der involvierten Denkvehikel beziehungsweise des benötigten internen Repräsentationsmediums ziehen zu können. Betrachten wir eine spezifische *Leistung* unseres Intellekts, das kommunikative Verstehen nämlich, kommen wir, so möchte ich als nächstes argumentieren, zu derselben Konklusion: Das interne Repräsentationsmedium kann nicht auf der Basis analoger Vorstellungen (mentaler Bilder oder anderer Humescher *impressions* und *ideas*) operieren, sondern muß symbolischer, das heißt sprachlicher Natur sein.

Es gehört zweifelsohne zu den bemerkenswertesten Leistungen des menschlichen Geistes, daß er dazu in der Lage ist, eine potentiell unbegrenzte Zahl sinnvoller Sätze beziehungsweise sinnvoller sprachlicher Äußerungen zu produzieren und zu verstehen. Das Verstehen eines Satzes, zumal eines, den man noch nie zuvor gehört oder gelesen hat, ist aber sicherlich der Prototyp eines kognitiven Vorgangs. Mithin muß eine Theorie der Kognition auch erklären können, was den Menschen zu dieser erstaunlichen Leistung befähigt. Und indem wir die Frage nach den Bedingungen der Möglichkeit des kommunikativen Verstehens beantworten, bringen wir Aufschlußreiches über die Grundlagen des Denkens ans Licht.

Viele, ja die meisten Sätze, die wir etwa während einer Diskussion hören oder in einer Zeitung lesen, sind uns nie zuvor begegnet – und trotzdem haben wir

---

8   Die Gründe dafür erörtert er in Fodor, 1991:331-333, sowie in Fodor, 1998:63-74.
9   Darauf hat völlig zu Recht Dennett aufmerksam gemacht (vgl. Dennett, 1994: insbesondere 161-164).

im allgemeinen keine Mühe, ihren Sinn zu erfassen. Offensichtlich kann unser Verstehen also nicht auf dem Wiedererkennen des betreffenden Satzes beruhen. Es verhält sich mit anderen Worten nicht so, daß wir beim Spracherwerb von jedem Satz gelernt hätten, was er bedeutet, und uns seine Bedeutung dann im späteren Kommunikationsprozeß einfach in Erinnerung riefen. Für einige Sätze wie *Es regnet* oder *Das ist rot* dürfte ein solches Verfahren zwar durchaus zur Anwendung kommen, doch trifft etwas Vergleichbares zum Beispiel auf die Sätze, aus denen der vorliegende Aufsatz besteht, mit Sicherheit nicht zu. Das Erfassen *ihres* Sinnes muß anders funktionieren, nämlich auf der Basis eines Dogmas, das in der Sprachphilosophie als »Kompositionalitätsprinzip« bezeichnet wird.

Es besagt im wesentlichen, daß die Bedeutungen komplexer Ausdrücke – und Sätze sind nichts anderes als komplexe Ausdrücke eines bestimmten Typs – aus den Bedeutungen der weniger komplexen Ausdrücke aufgebaut sind, aus denen sie bestehen.[10] Wir vermögen den Sinn eines noch nie gehörten oder gelesenen Satz also deshalb zu erfassen, weil wir erstens die Bedeutungen der ihn konstituierenden, elementaren Ausdrücke kennen und zweitens mit den syntaktischen (und laut dem Kompositionalitätsprinzip folglich auch den semantischen) Prinzipien seines Aufbaus vertraut sind. Die Idee der Kompositionalität geht auf Frege zurück, der schreibt:

> Die Möglichkeit für uns, Sätze zu verstehen, die wir noch nie gehört haben, beruht offenbar darauf, daß wir den Sinn eines Satzes aufbauen aus Teilen, die den Wörtern entsprechen. [...] Ohnedies wäre eine Sprache im eigentlichen Sinne des Wortes unmöglich. Wir könnten zwar übereinkommen, daß gewisse Zeichen gewisse Gedanken ausdrücken sollten; wie die Signale bei der Eisenbahn (Strecke frei); aber auf diese Weise wären wir immer auf ein sehr enges Gebiet beschränkt und wir könnten nicht einen ganz neuen Satz bilden, der von einem Anderen verstanden wird. (Frege, 1980: 111).

Was impliziert dies hinsichtlich der Frage nach dem Repräsentationsmedium des Denkens? Da zum einen das Verstehen sprachlicher Äußerungen ein

---

10 »Compositionality is the idea that the meaning of complex expressions (or concepts) are constructed from the meanings of the less complex expressions (or concepts) that are their constituents« (Fodor & Lepore, 2002b:43). Und in der Einleitung zu ihrer Textsammlung präzisieren die beiden Autoren: »Compositionality is the property that a system of representation has when (i) it contains both primitive symbols and symbols that are syntactically and semantically complex; and (ii) the latter inherit their syntactic/semantic properties from the former« (Fodor & Lepore, 2002a:1).

kognitiver mentaler Vorgang ist und da zum anderen das Erfassen des jeweiligen Äußerungssinns kompositional erfolgt, muß der dem Verstehen zugrundeliegende Denkprozeß zwei Bedingungen erfüllen: Erstens muß er seinerseits
auf einem kompositional organisierten Repräsentationsmedium beruhen, und
zweitens hat dieses Medium mindestens ebenso komplex beziehungsweise lei-
stungsfähig zu sein wie die Sprache, deren potentiell unbegrenzt vielen Äußerungen es zu verstehen können gilt. Denn von einigen Ausnahmen abgesehen
haben unterschiedliche Sätze unterschiedliche Bedeutungen, so daß das Erfassen derselben stets auch ungleiche Denk- oder Urteilsakte erfordert; sprachlichen Differenzen müssen mit anderen Worten kognitive Differenzen entsprechen. Angesichts der potentiellen Unendlichkeit sprachlicher Differenzen und
ihres kompositionalen Zustandekommens kann das dabei involvierte Medium
des Denkens jedoch seinerseits nur ein sprachliches sein, und zwar eines von
mindestens derselben Komplexität wie die natürliche Sprache.

Das legt ein weiteres Mal den Schluß nahe, daß die natürliche Sprache
(Deutsch, Französisch etc.) das Medium des Denkens *ist*. Natürlich könnte es
sich, soweit das obige Argument geht, dabei auch um die von Fodor postulierte
angeborene und psychologisch universelle *language of thought* (»Mentalese«)
handeln. Doch scheint mir die *Geschwindigkeit*, mit der wir sprachliche Äußerungen, zumal diejenigen in unserer eigenen Muttersprache, zu verstehen vermögen, erneut gegen diese Hypothese zu sprechen: Wäre Mentalese das Denk-
medium, müßten wir beim Verstehen einer deutschsprachigen Äußerung diese
zunächst in die Fodorsche Sprache des Denkens *übersetzen*, bevor sich in uns
das Gefühl einstellte, wir hätten ihren Sinn erfaßt. Daß dies in der ausgesprochen kurzen Zeit, die wir etwa beim Lesen der Zeitung zum Verstehen der teils
bloß überflogenen Sätze benötigen, überhaupt möglich sein soll, ist jedoch alles
andere als plausibel.

Demgegenüber verlangt eine Annahme, wonach wir in unserer Muttersprache
denken, im Zusammenhang mit dem kommunikativen Verstehen in den
meisten Fällen keinen Übersetzungsprozeß – es sei denn, man betrachte *homo-
phone* Übersetzungen als genuine *Übersetzungen*. Natürlich gibt es auch Fälle –
ich denke etwa an Ironie oder an neu gebildete Metaphern –, in denen das Verstehen gerade nicht auf einer Eins-zu-eins-Übertragung von »außen« nach »innen« beruht: Der Sinn einer ironisch gemeinten Äußerung des Satzes »p« ist
nicht-p, während der (vermeintliche) Sinn einer neu geprägten Metapher oft
überhaupt nicht spezifiziert zu werden vermag.[11] Das sind aber meist Situatio-

---

11   Zum letzten Punkt siehe Davidson (1984:262f.).

nen, in denen das Verstehen nicht automatisch vonstatten geht und dementsprechend auch mehr Zeit in Anspruch nimmt.

Jedenfalls sind die beiden Argumentationslinien, die ich zugunsten meiner Hauptthese vorgebracht habe, nicht unabhängig voneinander. Schließlich ist das Verstehen sinnvoller sprachlicher Äußerungen, ebenso wie die Produktion von solchen, für erfolgreiches kommunikatives Handeln im besonderen und für erfolgreiches soziales Verhalten im allgemeinen unentbehrlich. Um das kommunikative und soziale Agieren eines Subjekts erklären zu können, müssen die dafür in Anspruch genommenen praktischen Syllogismen folglich auch dem Verstehen Rechnung tragen. Wer beispielsweise erklären will, warum jemand nach dem Hören der Äußerung *Es ist kalt hier drinnen* das Fenster schließt, wird dabei unter anderem eine Überzeugung des Hörers anführen, wonach der Sprecher mit der Äußerung des Satzes *Es ist kalt hier drinnen* die Bitte beziehungsweise Aufforderung kundgetan hat, daß er, der Hörer, doch das Fenster schließen möge. Diese Überzeugung ist jedoch nichts anderes als das Resultat des entsprechenden Verstehensprozesses, ohne den das Verhalten des Hörers rätselhaft bliebe.

Daß eine Theorie des Verstehens genau denselben Anforderungen zu genügen hat wie eine Theorie des Verhaltens, ist ein Punkt, auf den vor allem John McDowell hingewiesen hat. Er schreibt:

Acceptability, in a [...] theory [...], would require that the description of propositional acts that it yields should fit coherently into a wider context, in which the speakers' behaviour in general, including both their linguistic behaviour, under those descriptions, and their non-linguistic behaviour, under suitable descriptions, can be made sufficiently intelligible in the light of propositional attitudes (centrally, beliefs and desires) whose ascription to them is sufficiently intelligible in the light of their behaviour, again, and of the facts that impinge on them. Actions are made intelligible by finding descriptions under which one can see how they might have seemed reasonable: on the conception sketched here, that applies, as it ought, to linguistic actions just as much as to others. Understanding linguistic behaviour, and hence understanding languages, involves no more than a special case of what understanding behaviour, in general, involves. (McDowell, 1998a:6, vgl. McDowell 1998b:172)

Die Parallele zwischen meinen beiden Argumentationssträngen ist also keine zufällige, sondern ergibt sich vielmehr aus der Rolle, die eine Theorie des Verstehens innerhalb einer übergeordneten Theorie der Handlungserklärung zu spielen hat.

Zwei Einwände

Die These, daß unsere Muttersprache zugleich auch des Repräsentationsmedium des Geistes beziehungsweise das Vehikel des Denkens ist, dürfte einer Reihe von Einwänden ausgesetzt sein. Zwei möglichen Anfechtungen möchte ich im folgenden kurz nachgehen: einer phänomenologisch beziehungsweise begrifflich motivierten einerseits und einer naturalistisch respektive neurowissenschaftlich ausgerichteten andererseits.

Zum Denken, so könnte man diesen Begriff zu umschreiben versuchen, gehört jeder geistige Vorgang, der zur Lösung einer (praktischen oder theoretischen) Aufgabe beiträgt. Nun ist es phänomenologisch aber geradezu offensichtlich, daß einige mentale Prozesse, die Relevantes zur Lösung einer Aufgabe beisteuern, nicht auf der Manipulation sprachlicher beziehungsweise symbolischer Repräsentationen beruhen. Folglich, so lautet der erste Einwand, ist jene These unhaltbar. Betrachten wir zum Beispiel den folgenden Fall: Jemand fragt mich, wie viele Fenster meine Wohnung hat. Ich kann diese Frage nicht auf Anhieb beantworten. Es verhält sich also nicht so, daß in meiner *belief box* bereits eine entsprechende Überzeugung abgespeichert wäre, auf die ich in Sekundenbruchteilen zurückgreifen könnte.

Hätte man mich aber statt dessen gefragt, wie viele amerikanische Präsidenten es bis heute gegeben hat, hätte ich ohne zu zögern geantwortet: »43«, und zwar deshalb, weil ich erstens glaube beziehungsweise weiß, daß George W. Bush der 43. Präsident der Vereinigten Staaten ist, und weil ich zweitens glaube beziehungsweise weiß, daß George W. Bush der gegenwärtige und mithin auch der vorderhand letzte amerikanische Präsident ist. Diese beiden Überzeugungen befinden sich in meiner *belief box* und aus ihnen folgt, daß es bis heute 43 amerikanische Präsidenten gegeben hat. Ich kann die gesuchte Antwort also im Handumdrehen aus meinen vorhandenen Überzeugungen deduzieren. Etwas Vergleichbares trifft auf die ursprüngliche Frage nach der Anzahl meiner Wohnungsfenster jedoch nicht zu. Ich vermag sie aufgrund meiner vorhandenen Überzeugungen nicht zu beantworten.

Dennoch – und darin liegt der Witz des Beispiels – kann ich die richtige Antwort nach einigen Momenten des »Nachdenkens« generieren. Wie schaffe ich das? Offensichtlich, indem ich eine mentale Simulation durchführe, also in meiner Vorstellung durch die imaginierten Räume meiner Wohnung gehe und die Fenster *zähle*. Was ich beim Lösen der Aufgabe mental verarbeite, sind jedoch keine Sätze, sondern Bilder respektive visuelle Erinnerungen an die Räume meiner Wohnung. Folglich beruht das Generieren der Antwort in diesem Fall gerade nicht auf der Manipulation symbolischer Repräsentationen. Und vergleichbare Beispiele gibt es viele: In Intelligenztests kommen öfter Aufgaben vor, bei denen ein dreidimensionaler Körper mental rotiert werden muß, um entscheiden zu können, mit welchem der vorliegenden Zielkörper er kongruent ist.

Phänomenologisch betrachtet gibt es also eine Reihe geistiger Vorgänge, die zwar nicht auf der Verarbeitung sprachlicher Repräsentationen – gedachter Sätze – beruhen, aber trotzdem zur Lösung gestellter Aufgaben beitragen. Das ist unbestreitbar und zeigt, daß das geistige Innenleben neben einem symbolischen Medium auch analoge Repräsentationsmedien kennt: mentale Bilder, Töne, Geschmäcke und anderes mehr. Und das überrascht nicht weiter, ist der Mensch doch nicht nur ein rationales, sondern auch ein wahrnehmendes, sinnliches Wesen. In dem Sinne trifft der Einwand einen beachtenswerten Punkt. Allerdings scheint er mir insofern verfehlt, als er den Begriff des *Denkens* zu weit faßt: Das Abschreiten einer Wohnung in der Vorstellung oder die mentale Rotation einer dreidimensionalen geometrischen Figur ist kein kognitiver, in den Bereich des Verstandes oder des Urteilsvermögens fallender Vorgang, sondern etwas, das zur davon gänzlich verschiedenen Domäne der Phantasie beziehungsweise Einbildungskraft gehört. Beides unter die Kategorie des Denkens zu subsumieren, kommt ganz einfach einem Mißbrauch des Ausdrucks »Denkens« gleich.

Ein ganz anders gearteter Einwand stammt von empirischen Wissenschaftern und Philosophen, die der, wie sie selbst es wohl nennen würden, *tatsächlichen* Funktionsweise des Gehirns entscheidendes Gewicht beimessen und in dieser einen Grund sehen, die These von der symbolischen Beschaffenheit des Denkmediums abzulehnen. Das Gehirn ist ihnen zufolge keine auf der regelgestützten (zum Beispiel logischen oder arithmetischen) Manipulation von Symbolen basierende Turing-Maschine, also insbesondere kein einem digitalen Computer verwandtes System, sondern ein massiv parallel arbeitendes neuronales Netz. Und als solches verarbeitet es, so der Einwand, in Tat und Wahrheit keinerlei interne Repräsentationen, sondern bloß Aktivationsvektoren, das heißt Muster neuronaler Aktivität. Paul Churchland bemerkt über künstliche (und natürliche) neuronale Netzwerke beispielsweise:

> You have seen something of what networks of this kind can do, and of how they do it. In both respects they contrast sharply with the kinds of representational and processing strategies that philosophers of science, inductive logicians, cognitive psychologists, and AI workers have traditionally ascribed to human beings (namely, sentencelike representations manipulated by formal rules). You can also see why this theoretical and experimental approach has captured the interest of those who seek to understand how the microarchitecture of the biological brain produces the phenomena displayed in human and animal cognition. (Churchland, 1990:211)

Eine realistische, an den empirischen Fakten ausgerichtete Einschätzung kognitiver Prozesse hat mit anderen Worten gar keinen Platz für satzartige mentale Repräsentationen und deren regelgestützte Verarbeitung. Das Denken spielt sich auf andere Weise ab. Eine solche Kritik richtet sich indessen nicht nur gegen eine Fodorianische Theorie der Kognition, sondern gegen jede repräsentationale Theorie des Geistes, also insbesondere auch gegen eine empiristische, etwa von Hume vertretene Auffassung, wonach das menschliche Denken in der *assoziativen* Verarbeitung von Sinneseindrücken (und damit von *analogen* mentalen Repräsentationen) besteht. Konnektionistische Modelle richten sich gegen alle Versionen der Idee, daß es so etwas wie ein Denkvehikel oder internes Repräsentationsmedium gibt. Ihr Hauptaugenmerk gilt aber eindeutig dem symbolischen Ansatz:

> What we are confronting her is a possible conception of "knowledge" or "understanding" that owes nothing to the symbolic and sentential categories of current common sense and of the traditional approaches in AI. [...] An individual's overall theory-of-the-world, we might venture, is not a large collection or a long list of stored symbolic items. Rather, it is a specific point in that individual's synaptic weight space. It is a configuration of connection weights, a configuration that partitions the system's activation-vector space(s) into useful divisions and subdivisions relative to the inputs typically fed the system. (Churchland, 1990:217)

Das klassische, auf symbolverarbeitenden Prozessen beruhende Projekt der Künstlichen Intelligenz hat, betont Churchland weiter, in vielen Bereichen Schiffbruch erlitten: das Lernen sei unrealistisch, die Leistung bei der Bewältigung komplexer perzeptueller und motorischer Aufgaben schwach, die Behandlung von Analogien dürftig und die Simulation kognitiver Prozesse trotz des Einsatzes schneller Rechner langsam (vgl. Churchland, 1990:212). Er wertet das als zusätzliches Indiz dafür, daß die dem Projekt zugrundeliegende Konzeption der mentalen Repräsentation respektive Verarbeitung zum Scheitern verurteilt ist.

Es wäre falsch, die empirischen und technologischen Befunde hinsichtlich der Arbeitsweise natürlicher beziehungsweise künstlicher neuronaler Netze bestreiten zu wollen. Was hingegen zu einer kritischen Replik auf einen solchen Einwand Anlaß geben kann und auch Anlaß geben sollte, ist die Interpretation dieser Befunde. So läßt sich aus dem Umstand, daß neuronale Netze *parallele* Verarbeitungen durchführen, kein prinzipielles Argument gegen das Turing-Maschinen-Modell des Geistes schmieden, das der symbolischen Konzeption der Kognition stets zugrunde liegt. Denn alles, was überhaupt berechenbar ist, ist Turing-Maschinen-berechenbar, und für jedes System miteinander kommunizierender Turing-Maschinen – ein deterministisch funktionierendes Neuron *ist* eine Turing-Maschine – gibt es eine einzelne Turing-Maschine, die exakt dasselbe leistet wie das System:

> Likewise, using more than one Turing device in *parallel action* – which is an idea that has become fashionable in recent years, in connection with attempts to model human brains more closely – does *not* in principle gain anything (though there may be an improved speed of action under certain circumstances). Having two separate devices which do not directly communicate with one another achieves no more that having two which *do* communicate; and *if* they communicate, then, in effect, they are just a single device! (Penrose, 1991:48, seine Hervorhebungen)

An dieser Front ist also nichts zu holen. Wie steht es aber um die Aussage, ein Gehirn verarbeite keine internen Repräsentationen, sondern nur Aktivationsvektoren? Auf der mikroskopischen Ebene der miteinander interagierenden Neuronen trifft das zweifelsohne zu: Ein Nervenimpuls oder die Gewichtung einer synaptischen Verbindung ist weder ein mentales Bild noch ein gedachter oder gespeicherter Satz. Das bedeutet jedoch nicht, daß das übergeordnete Aktivationsmuster eines ganzen Nervenverbands nicht als Denken oder Verarbeiten eines Satzes verstanden werden kann. Eine Analogie mag hier weiterhelfen: Eine Billardkugel besteht aus zahllosen Atomen; keines davon *rollt*, doch heißt das nicht, daß die Kugel als Ganzes deswegen nicht rollt. Die funktionalen Eigenschaften einer Gesamtheit sind mit anderen Worten nicht immer eins-zu-eins auf die funktionalen Eigenschaften ihrer Bestandteile oder Komponenten reduzierbar. Dementsprechend können aus der Funktionsweise einzelner Neuronen auch keine negativen Rückschlüsse auf die Arbeitsweise ganzer Verbände – seien es einzelne Gehirnareale, sei es das Gehirn insgesamt – gezogen werden.

Churchland ist also eine einseitige, primär an den mikroskopischen Prozessen orientierte Betrachtungsweise vorzuwerfen, welche den übergeordneten, holistischen Eigenschaften neuronaler Netze keine oder zuwenig Rechnung trägt.[12] Insbesondere vermag sein Ansatz nicht auszuschließen, daß die laut Fodors Modell in der *belief box* vorhandenen Sätze als *Gewichtungsmatrix einer größeren Anzahl synaptischer Verbindungen* abgespeichert beziehungsweise neuronal implementiert sind.

---

12   Wobei er selber einräumt, daß die sogenannten Partitionen des Aktivationsvektorenraums holistische Eigenschaften des neuronalen Netzes sind, die auf einer höheren, »begrifflichen« Ebene ungefähr den Kategorien des Commonsense und der traditionellen Theorie entsprechen (siehe Churchland, 1990:217f.)

Literatur

Burri, A. (1994 a) *Hilary Putnam.* Frankfurt: Campus.

Burri, A. (1994 b) Le caractère social du langage et de la pensée. *Dialectica, 48,* 337-352.

Burri, A. (1997) Zwischen Sprache und Denken. In: Burri, A. (Hg.) *Sprache und Denken.* Berlin: de Gruyter. 1-29.

Burri, A. (2004) Grenzen des Verstehens. In: Hogrebe, W. (Hg.) *Grenzen und Grenzüberschreitungen.* Berlin: Akademie Verlag. 194-203.

Churchland, P. M. (1990) Cognitive activity in artificial neural networks. In: Osherson, D. D. & Smith, E. E. (eds.) *Thinking.* Cambridge: MIT Press. 199-227.

Davidson, D. (1984) What metaphors mean [1978]. In: Davidson, D. *Inquiries into Truth and Interpretation.* Oxford: Clarendon. 245-264.

Dennett, D. C. (1987) True believers: The intentional strategy and why it works [1981]. In: Dennet, D. C. *The Intentional Stance.* Cambridge: MIT Press. 13-35.

Dennett, D. C. (1994) Language and intelligence. In: Khalfa, J. (ed.) *What is Intelligence?* Cambridge: University Press. 161-178.

Fodor, J. A. (1987) *Psychosemantics.* Cambridge: MIT Press.

Fodor, J. A. (1990) Fodor's guide to mental representation [1985]. In: Fodor, J. A. *A Theory of Content and Other Essays.* Cambridge: MIT Press. 3-29.

Fodor, J. A. (1991) Propositional attitudes [1978]. In: Rosenthal, D. M. (ed.) *The Nature of Mind.* New York: Oxford University Press. 325-338.

Fodor, J. A. (1998) Do we think in Mentalese? Remarks on some arguments of Peter Carruthers. In: Fodor, J. A. *In Critical Condition.* Cambridge: MIT Press. 63-74.

Fodor, J. A. & Lepore, E. (2002 a) Geographical introduction. In: Fodor, J. A. & Lepore, E. *The Compositionality Papers.* Oxford: University Press. 1-6.

Fodor, J. A. & Lepore, E. (2002 b) Why compositionality won't go away: Reflections on Horwich's 'deflationary' theory [2001]. In: Fodor, J. A. & Lepore, E. *The Compositionality Papers.* Oxford: University Press. 43-62.

Frege, G. (1980) Brief an Jourdain [1914]. In: Gabriel, G., Kambartel, F. & Thiel, C. (Hgg.) *Gottlob Freges Briefwechsel mit D. Hilbert, E. Husserl, B. Russell sowie ausgewählte Einzelbriefe Freges.* Hamburg: Meiner. 110-112.

McDowell, J. (1998a) Truth-conditions, bivalence, and verificationism [1976]. In: McDowell, J. *Meaning, Knowledge, and Reality.* Cambridge: Harvard University Press. 3-28.

McDowell, J. (1998b) On the sense and reference of a proper name [1977]. In: McDowell, J. *Meaning, Knowledge, and Reality.* Cambridge: Harvard University Press. 171-198.

Penrose, R. (1991) *The Emperor's New Mind* [1989]. New York: Penguin.

Searle, J. R. (1983) *Intentionality.* Cambridge: University Press.

Waismann, F. (1976) *Logik, Sprache, Philosophie.* Stuttgart: Reclam.

Williamson, T. (2000) *Knowledge and its Limits.* Oxford: University Press.

Abstract

Language as the Medium of Thought

I argue that natural language is the vehicle of human thought, thereby opposing both the empiricists' thesis that thought consists of a manipulation of analogue (or sensory) representations and Jerry Fodor's bold claim that cognitive processes use an innate symbolic system (or "language of thought"). My main argument is not based on observational or introspective considerations but rests on a systematic approach to the question of what general role cognitive processes play in the production of human behavior. Moreover, two important objections to my thesis are discussed at the end of the paper.

Anschrift:
Alex Burri
Lehrstuhl für Theoretische Philosophie
Universität Erfurt
Postfach 900221
99105 Erfurt

NEUROLINGUISTIK 2006, 20 (1-2) – 43-54

Dynamischer Urteilsgehalt und die Semantik referentieller Ausdrücke

Christian Beyer

Universität Erfurt, Lehrstuhl für Theoretische Philosophie

Der Autor weist auf eine Unklarheit in der von Hans Kamp entwickelten linguistischen Diskursrepräsentationstheorie hin, die das diskursrepräsentationstheoretische Konzept der internen Verankerung bei anaphorischem Rückbezug betrifft. Anschließend skizziert er einen eigenen Ansatz zur Kognitiven Dynamik (der Lehre von den Bedingungen zeitübergreifender Konstanz und den entsprechenden Bestimmungsprinzipien gedanklichen Sachbezugs), um schließlich einen darauf basierenden Alternativvorschlag zur Semantik referentieller Ausdrücke im allgemeinen und anaphorischer Pronomen sowie demonstrativer Ausdrücke im besonderen zu unterbreiten.

Geht es nach den Vertretern der von Hans Kamp begründeten Diskursrepräsentationstheorie (DRT), so nimmt die Auffassung, wonach Semantik und Psychologie in enger Parallele zueinander betrachtet werden sollten, in der Linguistik referentieller Ausdrücke (Eigennamen, rigidifizierte Kennzeichnungen und Pronomen)[1] eine aussichtsreiche Position ein. 1981 hatte Kamp in seinem Aufsatz *A theory of truth and semantic representation* (Kamp, 1981) die Hypothese aufgestellt, daß die von ihm zur Analyse interner Diskursstrukturen – insbesondere bei Satzfolgen mit anaphorischen Pronomen – postulierten Repräsentationen, sogenannte Diskursrepräsentationen, mental realisiert sind:

---

[1]   Ein Ausdruck heißt genau dann referentiell, wenn er der direkten Bezugnahme auf einen einzelnen Gegenstand dient. Eine Bezugnahme ist genau dann direkt, wenn sie nicht indirekt ist. Eine gegebene Bezugnahme i ist genau dann indirekt, wenn sie »referentiell mehrwertig« (Jaakko Hintikka) ist, das heißt, wenn es mehrere mögliche Auswertungswelten w, $w‹$ und eine in den Gehalt von i involvierte Eigenschaft F-heit gibt, für die gilt: 1) in w existiert ein Gegenstand x, der in w als einziger Gegenstand F-heit hat, 2) in $w‹$ existiert ein von x verschiedener Gegenstand y, der in $w‹$ als einziger Gegenstand F-heit hat, 3) wegen 1) ist x in w als Bezugsgegenstand von i anzusehen, und 4) wegen 2) ist y in $w‹$ als Bezugsgegenstand von i anzusehen. Vgl. Beyer, 2000: 35ff.

The role representations are made to play within the theory developed in this paper places substantial constraints on their internal structure [...] This is of particular significance if, as I have already more or less implied, discourse representations can be regarded as the mental representations which speakers form in response to the verbal inputs they receive. (Kamp, 1981: 281f.)[2]

Dreizehn Jahre später fand in Bielefeld eine interdisziplinäre Tagung über direkte Referenz, Indexikalität und propositionale Einstellungen statt. Der teilnehmende Vertreter der DRT, Rainer Bäuerle, ging nun ganz selbstverständlich davon aus, daß sich interne Diskursstrukturen im Rekurs auf mentale »Diskursindividuen« (Bäuerle, 1997) repräsentieren lassen, die ihrem Anspruch nach für die Bezugsgegenstände des entsprechenden Diskurses stehen. Obwohl die DRT damit in die Nähe der im Zusammenhang mit neueren sprachanalytischen Theorien der direkten Referenz entstandenen Ansätze zur »Kognitiven Dynamik« (David Kaplan)[3] rückt, deren Vertreter auf der Bielefelder Tagung (neben weiteren Sympathisanten der DRT; vgl. insbesondere Zeevat, 1997: 164) teilweise zugegen waren, ist es bis heute – so weit ich sehen kann – zu keinem anhaltenden Dialog zwischen DRT und analytischer Sprachphilosophie gekommen.

Ein Grund hierfür dürfte in der Unklarheit des in der DRT verwendeten Begriffs eines internen Diskursindividuums liegen, die ihre Wurzeln, wie mir

---

2   Vgl. auch Kamp et al.: 192f.: »Suppose that a recipient B has just interpreted a sentence containing an indefinite NP α and that the next sentence he must interpret contains a pronoun for which α is a fitting antecedent. According to DRT the anaphoric connection between pronoun and NP can be established by identifying the discourse referent for the pronoun with the one for α. It is tempting to think that this account of what goes on in establishing indefinite-pronoun links tells us something about how the content of interpreted sentences is represented in the interpreter‹s mind: the indefinite α does give rise, at the level of mental representation, to the introduction of an entity representation (corresponding to the discourse referent for α) and this representation can then serve, just as could in principle any other entity representation in the mind of the interpreter, as an antecedent for anaphoric noun phrases occurring in sentences that are to be interpreted subsequently.« (Zur Erläuterung: Kamp zufolge fungieren indefinite Ausdrücke, das heißt indefinite Kennzeichnungen wie etwa *ein Pferd* und existenzquantifizierende Ausdrücke wie zum Beispiel *jemand*, in Diskursen mit anaphorischem Rückbezug als referentielle Ausdrücke.)

3   Vgl. Kaplan, 1989, S. 537: »[...] I want to briefly raise the problem of *cognitive dynamics*. Suppose that yesterday you said, and believed it ›It is a nice day today.‹ What does it mean to say, today, that you have retained *that* belief?«

scheint, in Kamps ursprünglichem Aufsatz hat. Wir lesen darin beispielsweise über den semantischen Kontrast zwischen Sätzen mit Demonstrativpronomen und solchen mit anaphorischen Pronomen bezüglich der Mengen, aus denen sie ihre Bezugsgegenstände (»referents«) auswählen:

> In the case of a deictic pronoun the set contains entities that belong to the real world, whereas the selection set for an anaphoric pronoun is made up of constituents of the representation that has been constructed in response to antecedent discourse. (Kamp, 1981: 283)

Demnach würde sich das Pronomen *er* in (1) auf eine männliche Person, in (2) hingegen auf den mentalen Stellvertreter einer solchen Person beziehen; oder um es in der Terminologie der fortgeschrittenen DRT auszudrücken: Im Falle von (1) ist das Pronomen »extern«, im Falle von (2) »intern verankert« (vgl. etwa Bäuerle, 1997: 297ff.).

(1) *Er* [der Sprecher zeigt auf einen Mann] *küßt Anna.*

(2) *Otto ist der Ehemann von Anna. Er küßt sie.*

Auf der anderen Seite würde Kamp behaupten, daß – in Abwesenheit sonstiger relevanter Gegenstandseinführungen sowie hinweisender Gesten – der erste Satz in (2) die Bezugsgegenstände in den Diskurs einführt, auf die im zweiten Satz anaphorisch bezuggenommen wird – und bei diesen Gegenständen handelt es sich laut Kamp um Personen (Otto respektive Anna), nicht um mentale Repräsentationen, die sich auf die betreffenden Personen beziehen (vgl. Kamp, 1981: 284f.). Die Identitätssätze in Kamps Repräsentation der Diskursstruktur, die der Satzfolge (2) entspricht, sind daher zweideutig, ohne daß Kamp dies kenntlich machen würde (vgl. Kamp, 1981: 284):

```
u                        v
.                        .
Otto ist der Ehemann von Anna
u = Otto
v = Anna
u ist der Ehemann von v
Er küßt sie
u küßt sie
u küßt v
```

Einerseits indizieren die Identitätssätze interne Verankerung, andererseits identifizieren sie die beiden extramentalen Bezugsgegenstände der Pronomen in (2). In ähnlicher Weise oszilliert Bäuerle zwischen mentaler und extramentaler Interpretation des Diskursreferenten (vgl. Bäuerle, 1997: 296ff.). Das diskursrepräsentationstheoretische Konzept der internen Verankerung bei anaphorischem Rückbezug, also etwa im Falle von (2) oder bei den (für die an der klassischen Quantorenlogik orientierte Semantik notorisch problematischen) »donkey sentences« (vgl. Kamp, 1981: 279 f.), dient im wesentlichen dazu, dem folgenden Grundgedanken Kamps Rechnung zu tragen:

> the new sentence with the anaphoric pronoun is interpreted via a representation in which the discourse referent of the pronoun is identified with that of its antecedent. (Kamp et al.: 193f.)

Dieser Grundgedanke läßt sich aber meines Erachtens theoretisch umsetzen, ohne anaphorischen Pronomen automatisch *mentale Repräsentationen* als Bezugsobjekte zuordnen zu müssen (ohne also das Konzept der internen Verankerung in Anschlag zu bringen). Entscheidend ist lediglich, daß die relevanten mentalen Repräsentationen des Sprechers im Rahmen der zeitübergreifenden kognitiven Strukturen mit identischem Sachbezug betrachtet werden, denen sie sich einfügen; und zwar derart, daß ein Interpret der betreffenden Satzfolge die Bezugsobjekte der involvierten referentiellen Ausdrücke erfolgreich zu identifizieren vermag, sofern er nur der einschlägigen kognitiven Strukturen auf seiten des Sprechers eingedenk ist.

Bei diesen Strukturen handelt es sich um *kognitiv-dynamische* Strukturen: Ein und derselbe Gegenstand wird über eine Zeitspanne hinweg so repräsentiert, daß der Sprecher zu verschiedenen Momenten dieser Zeitspanne dazu disponiert ist, ihn mit dem Gegenstand gegenwärtiger Gedanken zu identifizieren, also ein entsprechendes Identitätsurteil zu fällen. Diese Konstanz des gedanklichen Sachbezugs muß sich in der Tat in geeigneten mentalen Diskursrepräsentationen des Interpreten reflektieren, wenn dieser den Sprecher richtig verstehen soll. Dazu muß der Interpret aber in der Regel keineswegs auf Diskursindividuen im Sinne von mentalen Repräsentationen bezugnehmen, sondern die im fraglichen Diskurszusammenhang einschlägigen *Prinzipien der Kognitiven Dynamik* korrekt anwenden (sei es bewußt oder unbewußt). Unter »Kognitiver Dynamik« ist dabei (ähnlich wie bei Kaplan; vgl. Fußnote 3) die Lehre von den Bedingungen der zeitübergreifenden Konstanz gedanklichen Sachbezugs zu verstehen, deren Prinzipen dazu dienen, den Sachbezug kognitiv-dynamischer Strukturen zu einem gegebenen Zeitpunkt zu bestimmen.

Im Folgenden stelle ich einige derartige Prinzipien vor, die ich andernorts im Zuge einer rationalen Rekonstruktion von Edmund Husserls Theorie des Urteilsgehalts herausgearbeitet habe. Die resultierende *dynamische Konzeption (des Urteilsgehalts)* bildet den theoretischen Rahmen dieser Prinzipien.[4]

Urteile sind momentane Bewußtseinszustände beziehungsweise Erlebnisse, welche die beiden folgenden in unserem Zusammenhang relevanten Bedingungen erfüllen:

1. Sie lassen sich durch behauptende Äußerungen sprachlicher Sätze kund-geben. Unter dem Bewußtseinszustand, den ein Sprecher A in einer Äu-ßerung u des Ausdrucks e *kundgibt,* ist dabei der Bewußtseinszustand i zu verstehen, für den gilt:

   a) A vollzieht u in der Absicht, sich als jemand zu präsentieren, der sich in i befindet, und

   b) der (sub-)propositionale Gehalt p, den e in der in u in Anspruch ge-nommenen Verwendungsweise ausdrückt, fällt mit dem intentionalen (also den Sachbezug eindeutig determinierenden und für Verhaltens-erklärungen relevanten) Gehalt von i zusammen (wobei p genau dann mit der sprachlichen Bedeutung von e identisch ist, wenn e kein kon-text-sensitiver Ausdruck ist).

2. Sie initiieren beziehungsweise aktualisieren eine entsprechende Über-zeugung.

Eine adäquate Theorie des Urteilsgehalts muß angeben können, wodurch der Sachbezug zum Beispiel eines singulären (also durch einen Satz mit einem refe-rentiellen Ausdruck kundgebbaren) Urteils determiniert wird. Ein Grundge-danke der dynamischen Konzeption besagt, daß man hierzu die *zeitübergreifen-de Überzeugung* betrachten muß, die durch das Urteil initiiert oder aktualisiert wird. In der Regel ist der Gegenstand dieser Überzeugung mit dem Urteilsge-genstand identisch; und zwar unter Umständen auch dann, wenn in die kon-ventionelle Wahrheitsbedingung einer Behauptung, in der das Urteil kundge-geben wird, ein ganz anderer Gegenstand involviert ist.

Nehmen wir zum Beispiel einmal an, daß ich jetzt, zum Zeitpunkt t_1, auf-grund einer Wahrnehmung eines Tisches – nennen wir ihn *Tisch 1* – folgendes Beobachtungsurteil fälle:

(3) *Dieser Tisch wackelt.*

---

4   Für das Folgende vgl. Beyer, 2000: 149-209; Beyer, 2001; Beyer, 2006: 112 ff. Der Übersichtlichkeit halber werde ich einige wichtige Theorie-Elemente respektive Anwendungen der dynamischen Konzeption auslassen, darunter die Konzeptio-nen des »bestimmbaren X« und der »allgemeinen Bedeutungsfunktion« und ihre Applikation auf das sogenannte Frege-Problem (Stichwort: Erkenntniswert von Identitätsaussagen; vgl. dazu Beyer, 2000: 67ff., 171-174) sowie die Anwendung der Theorie auf das Phänomen der »referentiellen Verwendung« (Keith Donnel-lan) von Kennzeichnungen (vgl. dazu Beyer, 2001) beziehungsweise auf das – der in der DRT vieldiskutierten Problematik der »Hob-Knob-Sätze« eng verwandte – Problem der (positiven beziehungsweise negativen) singulären Existenzausssa-gen (vgl. dazu Beyer, 2004, insbesondere 81-87).

Angenommen, ich gehe zum Hausmeister, und dieser beschließt, die Sache sogleich in Ordnung zu bringen. Ich führe ihn aber aus Versehen in den falschen Raum. Zum Zeitpunkt t_2 zeige ich auf einen Tisch – *Tisch 2* -, den ich mit Tisch 1 verwechsle und behaupte: (3). Der Hausmeister untersucht diesen Tisch, und zu meiner Verwunderung bestreitet er, daß der Tisch wackelt.

Nach der dynamischen Konzeption des Urteilsgehalts handelt das Urteil, das ich zu t_2 mit dem Satz (3) kundgebe, von Tisch 1 (Tisch 1 bildet das *Worüber* des Urteils), obwohl ich dabei auf Tisch 2 zeige. Das Urteil aktualisiert nämlich die Überzeugung, die ich zu t_1 aufgrund einer Wahrnehmung von Tisch 1 erworben habe (und die somit durch ein Beobachtungsurteil über diesen Tisch initiiert wurde). Und es gelten die beiden folgenden Prinzipien der Kognitiven Dynamik:

1. *Determinationsprinzip:* Das Worüber einer einfachen singulären (also die Form *Fa* aufweisenden)[5] empirischen Überzeugung, deren Erwerb mit dem Anlegen eines mentalen Dossiers über ihr Worüber einhergeht,[6] ist identisch mit dem Worüber des Urteils, das diese Überzeugung *initiiert* hat.

2. *Determinationsprinzip:* Das Worüber eines einfachen singulären Beobachtungsurteils, das insgesamt auf der Wahrnehmung *i* basiert (aufgrund von *i* gefällt wird), ist identisch mit dem Gegenstand von *i*.

---

5 »*a*« steht dabei für einen beliebigen referentiellen Ausdruck.

6 Weshalb diese Einschränkung? Betrachten wir das folgende Beispiel. Ich behaupte aufrichtig: *Dieser Stuhl wackelt.* Erst kurz vor dieser Äußerung, zu einer Zeit *t*, habe ich bezüglich des Stuhls, auf den ich bei meiner Äußerung zeige, (= Stuhl A) festgestellt, daß dieser wackelt. Nun habe ich aber Stuhl A zu *t* mit meinem eigenen Schreibtischstuhl (= Stuhl B) verwechselt, über den ich zu *t* bereits diverse Überzeugungen besaß. Zu *t* kommt die Überzeugung hinzu, daß dieser Stuhl wackelt. Das Worüber dieser Überzeugung ist Stuhl B, *obwohl* das Worüber des zu *t* gefällten Urteils, das diese Überzeugung *initiiert*, offenbar *Stuhl A* ist. (Vgl. dazu das nachstehende 2. Determinationsprinzip.) Da jedoch mein Erwerb dieser Überzeugung *nicht mit dem Anlegen eines mentalen Dossiers über ihr Worüber einhergeht* – sondern vielmehr mit einem Eintrag in das bereits vorhandene Stuhl B-Dossier –, konfligiert der Umstand, daß mein zu *t* gefälltes Urteil den »falschen« Stuhl (Stuhl A) betrifft, nicht mit dem 1. Determinationsprinzip. – Für den Begriff eines mentalen Dossiers (auch: mentale Datei; englisch: *mental file*) vgl. Perry, 1980.

In die Wahrheitsbedingung des Urteils ist daher nicht Tisch 2, sondern Tisch 1 involviert. Entsprechend *rationalisiert* meine Erinnerung an jenen wackelnden Tisch mein Urteil – und meine zu t_2 gemachte Behauptung, in der ich dieses Urteil kundgebe. Gegenüber der alternativen, stärker an der konventionellen Semantik demonstrativer (also durch die Äußerung von Sätzen mit Demonstrativpronomen vollzogener) Aussagen orientierten Erklärung, wonach mein Urteil zu t_2 von Tisch 2 handelt, den ich eben mit Tisch 1 verwechsle, hat diese Beschreibung des Beispiels unter anderem den Vorteil, daß sie meine epistemische *Rechtfertigung* des fraglichen Urteils angemessen berücksichtigt: Es handelt sich dabei eben nicht um ein Beobachtungsurteil (dazu hätte ich den Tisch zu t_2 als wacklig perzipieren müssen), sondern vielmehr um ein *Erinnerungsurteil*. Die Erinnerung, auf der es insgesamt basiert, handelt von Tisch 1. Und mehr als ein Urteil kann man in einer Aussage nicht (unmittelbar) kundgeben.

Wenn ein Interpret mein verbales Verhalten zu t_2 dadurch erklären will, daß er mir ein Urteil über Tisch 1 zuschreibt, dann muß er sich somit gewissermaßen unter Verstoß gegen die konventionelle Semantik demonstrativer Aussagen in die kognitive Dynamik versetzen, die sich bei mir zwischen den Zeitpunkten t_1 und t_2 abgespielt hat, und eine entsprechende Diskursrepräsentation ausbilden. Laut DRT müßte diese Repräsentation intern verankert sein. (In Kamp, 1981, wird zwar unterstellt, daß Diskursrepräsentationen von einfachen singulären Sätzen mit Demonstrativpronomen stets extern verankert sind. In einem 1997 auf einem Doktorandenkolloquium in Oberstdorf gehaltenen Vortrag hat Kamp diese These aber aufgrund des vorliegenden Beispiels dahingehend modifiziert, daß solche Sätze manchmal sowohl extern als auch intern verankert sind, derart daß die beiden entsprechenden »Anker« miteinander »inkompatibel« sind. In welchem Sinne sie das sind, vermochte Kamp allerdings meines Erachtens nicht zu erklären.) Wendet der Interpret jedoch die beiden vorstehenden Determinationsprinzipien an, so vermag er geeignete Diskursrepräsentationen auszubilden, ohne das Demonstrativpronomen in (3) intern verankern zu müssen.

Ich schlage vor, Satzfolgen mit anaphorischen Pronomen analog zu behandeln. Betrachten wir zur Illustration erneut das Beispiel (2). Um die Darstellung nicht durch die Einführung zu vieler Determinationsprinzipien zu verkomplizieren, betrachte ich die beiden Sätze in diesem Beispiel als einfache singuläre Sätze (wobei *ist der Ehemann von Anna* beziehungsweise *küßt sie* als Prädikat fungiert). Dann liefert das 1. Determinationsprinzip dem Interpreten einen gewissen *Otto* als Worüber des Urteils, das der Sprecher mit dem ersten Satz in (2) kundgibt – es sei denn, es spricht etwas dagegen, den Sprecher als jemanden zu behandeln, der gerade ein mentales Dossier über Otto angelegt hat.

Falls der Sprecher mit dem zweiten Satz nach Meinung des Interpreten kein Beobachtungsurteil kundgibt, bezieht sich der Sprecher für den Interpreten darin auf niemand anderen als die Person, über die er (aus Sicht des Interpreten) das fragliche Dossier angelegt hat. Der Rekurs auf das relevante mentale Dossier ermöglicht es dem Interpreten in diesem Fall somit, das Bezugsobjekt des anaphorischen Pronomens *er* in (2) zu bestimmen. Eine interne Verankerung dieses Pronomens ist nicht erforderlich.

Das gilt auch für den Fall, daß es sich beim Urteil, das der Sprecher mit dem zweiten Satz in (2) kundgibt, aus Sicht des Interpreten um ein Beobachtungsurteil handelt. In diesem Fall liefert das 2. Determinationsprinzip dem Interpreten unter Umständen ein anderes Bezugsobjekt als das 1. Determinationsprinzip – dann nämlich, wenn der Sprecher den Mann, den er gerade beim Küssen beobachtet (hat), mit der Person verwechselt, von der im ersten Teilsatz von (2) die Rede ist. Der Interpret benötigt hier so etwas wie ein Entscheidungsprinzip, da die genannten Determinationsprinzipien in dieser Situation miteinander konfligieren. Hier ist es:

Spezielles Entscheidungsprinzip: Glaubt ein Sprecher/Denker, der eine gedankliche Bezugnahme *i* im Zuge eines einfachen singulären Beobachtungsurteils *j* vollzieht, aufgrund einer Verwechslung von zwei verschiedenen Gegenständen, daß *i* sie betrifft, so bezieht sich *i* allein auf denjenigen Gegenstand, der nach dem 2. Determinationsprinzip das Worüber von *j* darstellt.

Es leuchtet intuitiv ein, daß das Worüber eines einfachen singulären Beobachtungsurteils mit dem Gegenstand der Wahrnehmung, auf der das Urteil insgesamt basiert, identisch ist. Nehmen wir zum Beispiel einmal an, daß Emil im Radio einen Sänger etwas perfekt in Dur singen hört und dabei diesen Sänger mit Caruso verwechselt.[7] Emils akustisches Erlebnis führt zu einer Eintragung in sein (irgendwann einmal angelegtes) Caruso-Dossier:

(4) *Caruso konnte perfekt in Dur singen.*

Aber das Beobachtungsurteil, das Emil in der beschriebenen Situation mit den Worten

(5) *Er singt perfekt in Dur*

kundgeben könnte, betrifft ganz offenbar den unbekannten Sänger im Radio: Emil erwirbt in dieser Situation keinerlei Wissen *über Caruso.*

Das Spezielle Entscheidungsprinzip ist ein Ausnahmeprinzip. In der Regel – so lautet ein weiterer Grundgedanke der dynamischen Konzeption – betrifft die

---

7   Das Beispiel stammt von Mark Textor.

gedankliche Bezugnahme, die ein gegebener Sprecher im Rahmen einer Aussage mittels eines referentiellen Ausdrucks kundgibt, *dasjenige Objekt, von dem das mentale Dossier handelt, mit welchem der Sprecher die betreffende Bezugnahme assoziiert* (beziehungsweise auf welches er bei dieser Bezugnahme zurückgreift).[8] Seine ausnehmende Stellung verdankt das Spezielle Entscheidungsprinzip, wie gerade gesehen, dem Begriff des Beobachtungsurteils, der in das 2. Determinationsprinzip einfließt.

Kehren wir zu dem Beispiel mit dem wackelnden Tisch zurück, um einen naheliegenden Einwand auszuräumen. Warum schreibt mir der Hausmeister zu t_2 ein Urteil über Tisch 2 (und nicht über Tisch 1) zu, wenn mein Urteil zu t_2 laut dynamischer Konzeption doch von Tisch 1 handelt – und der Interpret angeblich eine Diskursrepräsentation mit entsprechendem Gegenstandsbezug ausbilden muß, um mich richtig zu verstehen? Meine Antwort lautet wie folgt.

Die konventionelle Wahrheitsbedingung meiner zu t_2 gemachten Aussage (3) – ihre *externe Wahrheitsbedingung* (wie ich sie nennen möchte) – fällt nicht mit der Wahrheitsbedingung des darin *de facto* kundgegebenen *Urteils* – der *internen Wahrheitsbedingung* der Aussage – zusammen. Als Sprecher *sollte* ich zwar meine Aussage so wählen, daß interne und externe Wahrheitsbedingung in eins fallen, doch verstoße ich im vorliegenden Falle unbewußt gegen diese Norm. Daher schreibt mir der Hausmeister verständlicherweise nicht das richtige Urteil zu – und unser kleiner Dialog schlägt fehl. Ich sage »verständlicherweise«, weil der Hausmeister, soweit er die Praxis der Urteilszuschreibung beherrscht, Teil einer Sprachgemeinschaft ist, deren Konventionen zufolge eine Äußerung des Satzes (3) gegebenenfalls von *dem* Tisch handelt, auf den der Sprecher *zeigt* – in diesem Falle also Tisch 2.[9]

Die Unterscheidung zwischen interner und externer Wahrheitsbedingung, auf die uns die dynamische Konzeption führt, ermöglicht es uns, die »interne

---

8 Dabei ist allerdings zu beachten, daß das Worüber eines mentalen Dossiers im Laufe der Zeit wechseln kann – wie man sich anhand eines Beispiels vergegenwärtigen kann, das Gareth Evans gegen Saul Kripkes Variante der Kausaltheorie der Referenzfestlegung mobilisiert hat: »[T]wo babies are born, and their mothers bestow names upon them. A nurse inadvertently switches them and the error is never discovered. It will henceforth undeniably be the case that the man universally known as ›Jack‹ is so called because a woman dubbed some other baby with the name« (Evans, 1985: 11). – Dieses Beispiel ist übrigens ebenfalls geeignet, die Einschränkung des 1. Determinationsprinzips auf Überzeugungen, deren Erwerb mit dem Anlegen eines mentalen Dossiers über ihr Worüber einhergeht, zu motivieren (siehe oben, Fußnote 6). Vgl. dazu Beyer, 2001: 295 Fußnote 22.

9 Es handelt sich dabei *vermeintlich* um eine Beobachtungsaussage.

Struktur« (vgl. Perry, 1988) des mißlungenen Dialogs zwischen dem Hausmeister und mir zu analysieren und unsere Verantwortlichkeiten als umsichtiger Sprecher respektive Hörer zu klären. Während die interne und die externe Wahrheitsbedingung meiner Aussage (3) zu t_1 zusammenfallen, divergieren die entsprechenden Wahrheitsbedingungen meiner gleichlautenden Aussage zu t_2. Da weder der Hausmeister noch ich zu t_2 diesem Umstande Rechnung tragen, reden wir aneinander vorbei. Der Hausmeister verbindet mit meiner Aussage (3) zu t_2 ihre externe Wahrheitsbedingung – ich dagegen ihre interne Wahrheitsbedingung. Indem der Hausmeister meiner Aussage widerspricht, bestreitet er einen Sachverhalt, den ich – legt man das zu t_2 kundgegebene Urteil zugrunde – gar nicht behauptet habe.[10] Jeder der beiden Gesprächspartner hat aus seiner eigenen Perspektive heraus recht. Aber selbstverständlich bin *ich* für den beschriebenen kommunikativen Fehlschlag verantwortlich – *ich* bin derjenige, bei dessen Aussage (zu t_2) interne und externe Wahrheitsbedingung auseinandertreten. Als umsichtiger Gesprächspartner sollte der Hausmeister freilich in der Lage sein, eine entsprechende Interpretationshypothese zu bilden. Er könnte etwa aufgrund meines ungläubigen Verhaltens stutzig werden und sich so veranlaßt sehen herauszufinden, ob mein Urteil wirklich von Tisch 2 handelt. In diesem Falle werden neben den einschlägigen Sprachkonventionen auch epistemische Faktoren relevant, welche die spezielle kognitive Situation des Sprechers betreffen (siehe oben).

Diese Überlegung mag – ebenso wie die obigen Erwägungen im Zusammenhang mit dem 1. und 2. Determinationsprinzip und dem Speziellen Entscheidungsprinzip – verdeutlichen, daß die analytische Sprachphilosophie für Fragen der synchronen Linguistik bezüglich referentieller Ausdrücke unmittelbar einschlägig ist, sofern sie die Perspektive der philosophischen Erkenntnistheorie miteinbezieht.

---

10   Eine umfassende Analyse der vorliegenden internen Dialogstruktur hätte zusätzlich Folgendes zu berücksichtigen. Der Hausmeister hat bereits zu dem (irgendwo zwischen t_1 und t_2 liegenden) Zeitpunkt t, zu dem ich ihm zuerst von dem wackligen Tisch erzählte, ein (auf meinem *Zeugnis* basierendes) mentales Dossier über den Tisch angelegt, von dem ich ihm zu t erzählte. Während der Zeitspanne zwischen t und dem Zeitpunkt kurz nach t_2, da der Hausmeister in bezug auf den Tisch, von dem er glaubt, daß ich ihn bei meiner Äußerung von (3) zu t_2 im Sinn habe, (sc. Tisch 2) die Überzeugung erwirbt, daß dieser Tisch nicht wackelt, unterhalten wir uns daher über *denselben* Tisch, nämlich über Tisch 1. Kurz nach t_2 spricht der Hausmeister dann plötzlich über Tisch 2. Trotzdem ist dem Hausmeister kurz nach t_2 zunächst einmal kein Vorwurf zu machen: Woher soll er wissen, daß ich ihn in den falschen Seminarraum geführt habe?

Literatur

Bäuerle, R. (1997) Would you believe it? On the anaphoric specification of attitude content. In: Künne, W., Newen, A. & Anduschus, M. (eds.) *Direct Reference, Indexicality, and Propositional Attitudes*. Stanford: CSLI Publications.

Beyer, C. (2000) *Intentionalität und Referenz – Eine sprachanalytische Studie zu Husserls transzendentaler Phänomenologie*. Paderborn: mentis.

Beyer, C. (2001) A neo-Husserlian theory of speaker‹s reference. *Erkenntnis, 54/3*, 277-297.

Beyer, C. (2004) Bolzano and Husserl on singular existential statements. In: Chrudzimski, A. & Huemer, W. (eds.) *Phenomenology and Analysis*. Frankfurt/M.: ontos.

Beyer, C. (2006) *Subjektivität, Intersubjektivität, Personalität – Ein Beitrag zur Philosophie der Person*. Berlin: de Gruyter.

Evans, G. (1985) *Collected Papers*. Oxford: Clarendon.

Kamp, H. (1981) A theory of truth and semantic representation. In: Groenendijk, J., Janssen, T. & Stokhof, M. (eds.) *Formal Methods in the Study of Language*. Amsterdam: Mathematical Centre.

Kamp, H., van Genabith, J. & Reyle, U. (2006) *Discourse Representation Theory. (Manuskript)*. http://www.ims.uni-stuttgart.de/~hans/hpl-drt.pdf (6.10.2006).

Kaplan, D. (1989) Demonstratives. In: Almog, J., Perry, J. & Wettstein, H. (eds.) *Themes from Kaplan*. New York: Oxford University Press.

Perry, J. (1980) A problem about continued belief. *Pacific Philosophical Quarterly, 61*, 317-332.

Perry, J. (1988) Cognitive significance and new theories of reference. *Noûs, 22*, 1-18.

Zeevat, H. (1997) The mechanics of the counterpart relation. In: Künne, W., Newen, A. & Anduschus, M. (eds.) *Direct Reference, Indexicality, and Propositional Attitudes*. Stanford: CSLI Publications.

Abstract

Dynamic Content and the Semantics of Referential Expressions

The author points out an unclarity in linguistic discourse representation theory, as developed by Hans Kamp. This unclarity concerns the concept of internal anchoring in the case of anaphoric backwards reference. Following this, the author sketches his own account of cognitive dynamics, on the basis of which he finally makes an alternative proposal on the semantics of both referential expressions in general and anaphoric pronouns as well as demonstratives in particular.

Anschrift:
PD Dr. Christian Beyer
Lehrstuhl für Theoretische Philosophie
Universität Erfurt
Postfach 900221
99105 Erfurt

Selbstreferenz und Selbstbewußtsein
Zur grammatischen und pragmatischen
Struktur von ICH

Johannes Helmbrecht

Universität Regensburg,
Professur für Allgemeine und Vergleichende Sprachwissenschaft

Der folgende Beitrag[1] nimmt einige Thesen der analytischen Philosophie zum Personalpronomen der ersten Person Singular *ich* zum Anlaß, den Zusammenhang zwischen Selbstreferenz, Selbstbewußtsein und den grammatischen und pragmatischen Eigenschaften von *ich* aus sprachwissenschaftlicher Perspektive zu beleuchten. Die analytische These von der garantierten Referenz und Einzigartigkeit von *ich* wird zurückgewiesen mit dem Argument, daß 1) *ich* nicht das einzige sprachliche Mittel für die Selbstreferenz ist, sondern eines unter vielen und 2) daß *ich* in speziellen Kontexten auch auf andere Referenten als den aktuellen Sprecher referieren kann. *Ich* referiert nicht auf eine psychische Instanz wie das Selbstbewußtsein oder die persönliche Identität, sondern auf den aktuellen Sprecher und ist so immer funktional symmetrisch auf den Hörer bezogen. Formale Asymmetrien in den Pronominalparadigmen sind nicht Reflexe der Einzigartigkeit von *ich*, sondern Effekte der relativ hohen Frequenz der Selbstreferenz im Vergleich zu anderen referentiellen Akten in der Sprache. Trotzdem ist das Selbstbewußtsein beziehungsweise Reflexivität eine Voraussetzung für gelungenes Sprechen im allgemeinen und für die erfolgreiche Verwendung von *ich* im besonderen. Dies wird am Beispiel der semantischen Kategorien japanischer Personalpronomina verdeutlicht.

---

1   Der Beitrag ist eine gekürzte und überarbeitete Fassung eines Vortrags, den ich im Sommersemester 2004 im Rahmen des »Forums Kulturwissenschaften« an der Universität Erfurt gehalten habe. Ich danke allen Teilnehmern für die Diskussionsbeiträge und insbesondere Alex Burri für die ausführlichen schriftlichen Kommentare.

Einleitung

Bevor das Thema Deixis im Rahmen meiner Vorlesung »Semantik und Pragmatik« systematisch behandelt werden sollte, fragte ich die teilnehmenden Studenten, was die Bedeutung des Pronomens der ersten Person Singular *ich* sei. Die erste Antwort, die ich bekam, war ›Ich‹ *bedeutet eben ich, also meine Persönlichkeit, mein Charakter, mein Äußeres usw.* Eine andere Studentin wies diese Erklärung zurück und beschrieb die Bedeutung von *ich* als den *augenblicklichen Sprecher der Äußerung.* Diese zweite Antwort entspricht der traditionell seit der Antike von Grammatikern und Sprachwissenschaftlern gegebenen Bedeutungsbeschreibung von Pronomina der ersten Person Singular. In der modernen Linguistik des 20. Jahrhunderts wurde diese Position am klarsten von Benveniste (1947, 1956) und Jakobson (1957) formuliert.

Die erste Antwort dagegen repräsentiert meines Erachtens eine weit verbreitete populäre Theorie über die Bedeutung von *ich*. Eine repräsentative Umfrage unter Sprechern des Deutschen würde vermutlich einen hohen Anteil an Antworten ergeben, die die Bedeutung des Wortes *ich* mit der persönlichen Identität des Sprechers und dessen Selbstbewußtsein in Verbindung bringen. Daß die Antwort, so wie sie von der ersten Studentin vorgebracht wurde, nicht stimmen kann, läßt sich schnell zeigen. Wenn die Bedeutung von *ich* exakt die Persönlichkeitsmerkmale der Studentin X etwa in Bezug auf Charakter und Äußeres enthalten würde, wie könnte dasselbe Wort dann von einem anderen Sprecher Y, der ganz andere Persönlichkeitsmerkmale hat, gebraucht werden, um auf sich selbst zu referieren? Da sich solche Persönlichkeitsmerkmale auch im Verlauf eines Lebens stark ändern, könnte die Studentin X *ich* allerhöchstens in einer bestimmten Phase ihres Lebens verwenden, um auf sich zu referieren, nämlich dann, wenn die so bestimmten semantischen Merkmale von *ich* mit den aktuellen Persönlichkeitsmerkmalen von X übereinstimmen. Die Intension von *ich* kann also keine Merkmale enthalten, die nur einem bestimmten Sprecher X zukommen. Umgekehrt könnte es aber doch sein, daß *ich* auf einen allgemeinen Aspekt oder Teil der Subjektivität verweist, der allen Menschen als selbstbestimmten und selbstbewußten Wesen gemeinsam ist. Daß solche Ideen implizit oder explizit in den philosophischen und psychologischen Theorien zur Subjektivität enthalten sind, verraten schon die Nominalisierung des Personalpronomens *ich* und die damit verbundene Begriffsbildung. Wenn in der Psychoanalyse vom *Ich* die Rede ist, dann bezieht man sich damit auf bestimmte universal gedachte Instanzen der Persönlichkeit. Ebenso in der Philosophie. Wenn man von dem *Ich* spricht, meint man das Selbstbewußtsein oder die Identität des Individuums, das heißt zentrale psychologische Instanzen oder Eigenschaften des Menschen. Das nominalisierte *Ich* wird niemals für die Bezeichnung des Menschen als Sprecher verwendet. Linguistisch gesehen, würde das eigentlich viel näher liegen.

Daß es einen Zusammenhang zwischen der Bedeutung und Verwendung von *ich* und dem Selbstbewußtsein und der Selbstkenntnis des Sprechers gibt, davon sind zahlreiche Philosophen vor allem aus der analytische Philosophie im Anschluß an Wittgenstein überzeugt (vgl. z. B. Strawson, 1959; Shoemaker, 1963; Anscombe, 1975; Tugendhat, 1979; Chisholm, 1981; Jäger, 1999 und andere mehr). Argumente, die für diese Auffassung in den genannten Studien diskutiert werden sind a) die Nicht-Reduzierbarkeit der ersten Person Singular auf andere Mittel der Selbstreferenz, b) die garantierte direkte Referenz von *ich* ohne eine semantische Kennzeichnung des Referenten und c) die Idee, daß *ich* ein referentieller singulärer Term sei, der ohne Identifikation des Referenten auskommt. Die genannten Eigenschaften des Personalpronomens *ich* werden als Eigenschaften gesehen, durch die sich *ich* von anderen sprachlichen Ausdrücken grundsätzlich unterscheidet. Diese angenommene einzigartige Verwendung von *ich* erlaubt in epistemischer Hinsicht Rückschlüsse auf die Struktur des Selbstbewußtseins, genauer gesagt des propositionalen Selbstbewußtseins, ohne auf ungesicherte psychologische oder metaphysische Begriffe zurückgreifen zu müssen (siehe vor allen Dingen Tugendhat, 1979).

Der These, daß das Pronomen der ersten Person Singular *ich* auf bestimmte allgemeine psychologische Instanzen des Sprechers referiert, die mit Ich-Identität, Selbstbewußtsein oder Persönlichkeit bezeichnet worden sind, werde ich nicht folgen. Die sprachanalytisch orientierte Diskussion der Grammatik von *ich* – und zwar hier im Wittgensteinschen Sinne von Grammatik als Verwendung – war einseitig und hat meines Erachtens wesentliche Aspekte der Funktion und Verwendungsweise des Pronomens ignoriert. Statt *en detail* auf die Argumente, die in der analytischen Philosophie für diese Position vorgebracht werden, einzugehen, will ich im Folgenden die sprachwissenschaftliche Perspektive auf die Struktur und Verwendung von *ich* darlegen. Es soll gezeigt werden, daß – entgegen der These der analytischen Philosophie – *ich* kein einzigartiger singulärer Term ist, der bar jeder semantischen Intension die Referenz auf den Sprecher garantiert, sondern im Gegenteil, daß *ich* ein »normaler« referentieller sprachlicher Ausdruck wie viele andere ist, der a) eine bestimmte Intension hat und b) durch andere Ausdrücke ersetzt werden kann. Des weiteren soll dafür argumentiert werden, daß Sprache und ihre Verwendung einen Selbstbezug und Selbstreflexivität des Sprechers voraussetzt und daß dies auch für die Verwendung von *ich* gilt. Und drittens möchte ich die These erhärten, daß die Art und Weise, wie Alter auf Ego oder Ego auf sich selbst sprachlich referiert, wesentlich zur sozialen Identität der Person und Selbstwahrnehmung beiträgt.

Selbstreferenz

Unter Referenz versteht man eine Handlung, durch die man mit Hilfe eines sprachlichen Ausdrucks aus einer Menge von möglichen Referenten einen besonderen auswählt, um dann über diesen etwas zu sagen. Sprachliche Ausdrücke, die die Referenz auf einen individuellen Gegenstand ermöglichen, heißen in der Philosophie seit W. von Ockham singuläre Terme.[2] In der Sprachwissenschaft spricht man einfach von referentiellen Ausdrücken oder Nominalphrasen und unterscheidet zwischen verschiedenen Klassen von Wörtern, die Nominalphrasen bilden können oder Köpfe von Nominalphrasen sein können. Unter den singulären Termen beziehungsweise referentiellen Ausdrücken kann man weiter unterscheiden zwischen kennzeichnenden Ausdrücken, Eigennamen und deiktischen oder indexikalischen Ausdrücken. Unter Selbstreferenz versteht man die sprachliche Operation, in der der Sprecher einer Äußerung auf sich selbst referiert. Selbstreferenz ist ein Fall von Referenz und nicht wesentlich verschieden davon. Genauso wie bei der Referenz auf Personen und Gegenstände außerhalb des Sprechers gibt es auch für die Selbstreferenz zahlreiche verschiedene sprachliche Mittel. In Tabelle 1 sind einige sprachliche Möglichkeiten vorgestellt, mit denen Sprecher im Deutschen auf sich selbst referieren können. Die Liste ist nicht exhaustiv. Die Beispiele sind nicht einem Korpus des Deutschen entnommen, sondern konstruiert, was aber ihren Wert hier nicht schmälert.

In der analytischen Philosophie wird manchmal so getan, als könnte man nur durch das Pronomen der ersten Person Singular *ich* auf sich selbst in Sprechakt referieren. Damit zusammen hängt die Idee, daß die Selbstreferenz durch *ich* nicht auf andere referentielle Ausdrücke, etwa kennzeichnende Ausdrücke, reduzierbar ist. Die Beispiele in Tabelle 1 zeigen, daß es im Deutschen zahlreiche sprachliche Mittel gibt, die in passenden Kontexten verwendet werden können, um auf sich selbst zu referieren. Unter den deutschen Ausdrücken, die selbstreferentiell gebraucht werden können, befinden sich Personalpronomina (erste Person Singular, erste Person Plural), Indefinitpronomen, Adverbien, Eigennamen und Nomen. Man kann sogar in bestimmten Kontexten ganz auf einen referentiellen Ausdruck verzichten und trotzdem auf sich selbst referieren. In anderen Sprachen, etwa dem Japanischen und dem Chinesischen, ist dies ein ganz übliches Verfahren. Personalpronomina nicht nur der ersten Person werden dort im Diskurs eher weggelassen als verwendet, natürlich nur unter der Voraussetzung, daß der Hörer in jedem Fall pragmatisch erschließen kann, wer ge-

---

2   Vgl. Artikel ›Individuum‹ in Mittelstraß (1995:229f).

Tabelle 1 Sprachliche Mittel der Selbstreferenz am Beispiel des Deutschen

Kategorie	Beispielsatz	Mögliche Kontexte
1. Person Singular Nominativ	*Ich habe Zahnschmerzen*	Zahnarztbesuch
1. Person Singular Dativ	*Mir schmerzt immer der linke Fuß, wenn ich auftrete*	Besuch beim Orthopäden
1. Person Plural Nominativ	*Wir haben jetzt beschlossen, daß ab sofort ...*	Bundeskanzler verkündet seine Entscheidung in einer Pressekonferenz
2 Person Singular Nominativ	*Du mußt dich mal ein bißchen anstrengen vor der nächsten Prüfung.*	Selbstgespräch eines Studenten vor der nächsten Prüfung
Indefinitpronomen	*Damals nach dem ersten Kuß war man dann ganz schön aufgewühlt.*	Persönliche Erzählung über die Gefühle nach den ersten sexuellen Erfahrungen
Lokales Adverb	*Gib mal den Schraubenzieher her!*	Während der Montage eines Regals
Eigenname	*Jakob hat Hunger!*	Ein Kleinkind mit Namen Jakob, bevor es Pronomina der ersten Person Singular benutzt
Nomen	*Das Kind hat Hunger!*	Ein Kleinkind, bevor es Pronomina der ersten Person Singular benutzt
	Könnte meine Wenigkeit auch ein solches Formular bekommen?	Der Adressat (Mitarbeiter einer Behörde) verteilt einer Gruppe von Personen, zu der auch der Sprecher gehört, wichtige Vordrucke, die alle benötigen. Der Sprecher hat Angst übergangen zu werden.
	Wenn dein Vater dir das sagt, dann hast du gefälligst zu gehorchen.	Eine Auseinandersetzung zwischen Vater und heranwachsendem Sohn
Zero	*Hans +Stop+ Ø komme morgen halb acht +Stop+ mit dem Zug +Stop+ Gruß +Stop+ Katrin +Stop*	Telegramm

meint ist. Wenn S annehmen muß, daß H die Identität des intendierten Partizipanten im Satz nicht erschließen kann, dann wird er auch in diesen Sprachen einen selbstreferentiellen Ausdruck verwenden.

Zusammenfassend läßt sich also sagen, daß die Selbstreferenz am häufigsten durch ein Pronomen der ersten Person Singular (im Deutschen und anderen Sprachen) bewerkstelligt wird, daß aber Selbstreferenz keinesfalls auf diese Pronomen festgelegt ist. Es gibt zahlreiche andere sprachliche Mittel (im Deutschen und anderen Sprachen) dafür, die in den Sprachen möglicherweise in unterschiedlicher Frequenz genutzt werden. Es ist logisch durchaus möglich, daß es eine Sprache gibt, die ganz ohne ein Pronomen der ersten Person Singular auskommt und vollständig auf die gezeigten alternativen Mittel ausweicht. Die

Vielzahl der möglichen sprachlichen Mittel zur Selbstreferenz ist ein Indiz dafür, daß man unterscheiden muß zwischen einem vorgängigen internen psychischen Selbstbezug des Sprechers und der sprachlichen Kodierung dieses Selbstbezuges. Für diesen vorgängigen internen Selbstbezug braucht der Sprecher kein Personalpronomen der ersten Person oder irgendeinen anderen selbstreferentiellen Ausdruck. Diesen braucht er erst, wenn er dem Hörer verdeutlichen will, über wen er etwas mitteilen will, nämlich über sich selbst. Die sprachliche Selbstreferenz setzt diesen inneren psychischen Selbstbezug – das gehört zu dem, was oben als Selbstbewußtsein des sprechenden Individuums skizziert wurde – voraus. Wie dieser Selbstbezug dann sprachlich kodiert wird, hängt dann aber ganz maßgeblich vom Sprechkontext und der Beziehung zum jeweiligen Hörer ab.

Selbstbewußtsein und Kommunikation

Unter Selbstbewußtsein versteht man die Möglichkeit des Menschen, sich selbst zum Objekt der Betrachtung und Reflexion zu machen zum Zweck der Selbstvergewisserung über seine eigenen Wahrnehmungen, Erkenntnisse und Wünsche.[3] In der Subjektphilosophie seit Descartes wurde diese Selbstobjektivierung immer verstanden als eine Leistung, die das Individuum aus sich heraus unternimmt. Genauso, wie es Gegenstände in der Welt betrachtet (wahrnimmt und erkennt), macht es sich selbst zum Gegenstand der Betrachtung. Dieses reflexive Selbstverhältnis wurde bei Descartes sogar zur letzten unbezweifelbaren Tatsache erhoben. Bei Kant gehört das »ich denke«, das alle Gedanken begleiten können muß, zur Grundstruktur des selbstreflexiven Subjekts. Die Subjektphilosophie konnte allerdings nie wirklich erklären, warum das Individuum überhaupt aus sich heraus selbstreflexiv wird und sich zu sich selbst verhält.

Eine Antwort auf diese Fragen liefert das Konzept des symbolischen Interaktionismus, das von George H. Mead (vgl. Mead, 1934; siehe dazu auch Habermas, 1988; Joas, 1989) begründet wurde. Ausgangspunkt dieser Theorie ist nicht das monadische Individuum, das sich aus eigenem Antrieb zu sich selbst verhält und dann eine Beziehung zum anderen aufbaut, sondern das Individuum, das sich von Anfang an in Interaktion mit dem anderen befindet. Die soziale Interaktion mit den anderen Individuen ist der Grund für die Entstehung des

---

3   In der Umgangssprache benutzt man das Wort Selbstbewußtsein häufig, um auszudrücken, daß jemand ein starkes oder schwaches Selbstwertgefühl hat. Diese Bedeutung von Selbstbewußtsein ist hier nicht gemeint.

Selbstbewußtseins. Der zentrale Mechanismus bei der ontogenetischen Entstehung des Selbstbewußtseins und der Identität des Individuums ist die Übernahme der Perspektive des anderen durch das handelnde Individuum. Wenn das Individuum eine Handlung beginnt, beobachtet es, wie der andere reagiert und korrigiert daraufhin möglicherweise den Ablauf seiner eigenen Handlung. Das Wissen um die tatsächlichen oder zu erwartenden Reaktionen des anderen ist damit ein Mittel, die eigenen Handlungen zu kontrollieren und so zu gestalten, daß sie sozial möglichst erfolgreich ablaufen. Und umgekehrt ist die Übernahme der Perspektive des anderen ein Mittel, die Reaktionen des anderen zu kontrollieren in dem man die eigenen Handlungen so gestaltet, daß der andere in der gewünschten Weise reagiert. Die Übernahme der Perspektive des anderen führt also zur Antizipation des Verhaltens des anderen und zur Reflexion auf das eigene Verhalten. Die Antizipation des Verhaltens des anderen bringt einen evolutionären Vorteil, weil das eigene Verhalten strategisch auf die Reaktionen des anderen hin entworfen werden kann. Die Selbstreflexion auf sein eigenes Verhalten ist ebenso vorteilhaft, weil es erlaubt, sein eigenes Verhalten in bezug auf die Reaktionen des anderen zu kontrollieren. Und damit ist auch eine Kontrolle des Verhaltens des anderen möglich, das ansonsten völlig arbiträr wäre aus der Sicht des Individuums.

Die Selbstreflexivität, die durch die Übernahme der Perspektive des anderen entsteht, führt zu der oben bereits angedeuteten Spaltung des Ich in eine Instanz, die spontan und ungebunden handelt, diese Instanz nennt Mead *I* (ICH), und eine Instanz, die das Wissen um die aktuellen und zu erwartenden Reaktionen des anderen umfaßt und die das eigene Handeln daraufhin bestimmt. Diese Instanz nennt Mead *ME* (MICH). Das *ME* ist damit die Instanz, die das eigene Verhalten reflektiert, aber mit den Augen des anderen. Diese Instanz entspricht dem in der Subjektphilosophie angenommenen sich selbst objektivierenden Ich. Das eigentlich spontan handelnde Ich (*I*) kann nicht direkt wahrgenommen werden, sondern nur gebrochen durch die Perspektive des *ME* als Erinnerung.

Der Mechanismus der Übernahme der Perspektive des anderen, der zu einem selbstbewußten Individuum führt, dessen Selbst aufgespalten ist in ein spontan handelndes *I* und ein reflektierendes *ME*, ist prinzipiell sprachunabhängig. Mead beschreibt die Entstehung einer reflexiven Identität schon für Kinder in einem vorsprachlichen Stadium. In diesem Stadium spielen beginnende Handlungsabläufe eine große Rolle, die in der Interaktion als signifikante Gesten Bedeutung erhalten. Das wesentliche und wichtigste Medium der sozialen Interaktion ist jedoch die sprachliche Kommunikation, das heißt der Austausch von lautlichen Gesten beziehungsweise Symbolen. Hier begegnen wir im Prinzip der gleichen reflexiven Struktur wie im nicht-sprachlichen Handeln. Die Verwendung von sprachlichen Ausdrücken wird bestimmt durch die kommunikative Intention des Sprechers und die Beobachtung und Antizipation der Reaktionen des Hörers. Der Sprecher nimmt die Perspektive des Hörers ein und gestaltet seine Äußerung dementsprechend. Der Hörer/Adressat ist beim Sprechen ständig anwesend und wird durch die Übernahme seiner Perspektive und Rolle(n) als *ME* internalisiert. Auf seine eigene sprachliche Äußerung schaut der Sprecher mit den Augen des Hörers. Der Mechanismus der Übernahme der Perspektive des anderen in der sozialen Interaktion führt in Meads Konzeption über verschiedene Stufen der Generalisierung von Reaktionen und Handlungserwartungen zu einer Internalisierung kultureller und sozialer Werte und Regeln des Verhaltens. Das *ME* als die Persönlichkeitsinstanz, die diese Regeln und Werte repräsentiert, ist ständiger Begleiter des sprechenden und handelnden Individuums und bestimmt dessen Verhalten (nicht jedoch im Sinne eines Determinismus).

Trotz der enormen Bedeutung der Sprache (Lautgesten und Symbole) in der skizzierten Konzeption des symbolischen Interaktionismus, hat Mead selbst die Struktur von Sprache und ihre Verwendungsweisen (Diskurs) nie systematisch untersucht. Die Implikationen seiner Konzeption für die Analyse sprachlicher Kommunikation liegen jedoch auf der Hand. Die Übernahme der Perspektive des Hörers und die damit verbundene Selbstreflexivität beim Sprechen ist eine Bedingung für erfolgreiche Sprechhandlungen. In linguistischer Hinsicht impliziert diese Selbstreflexivität beim Sprechen, daß der Sprecher über eine interne Repräsentation der sprachlichen Ressourcen verfügt, die er in einer gegebenen Kommunikationssituation für den gesetzten Zweck auswählen kann. Mit der Kenntnis dieser sprachlichen Mittel für einen gesetzten Zweck ist auch ein Wissen um die möglichen und zu erwartenden Reaktionen des Hörers verbunden. Bei der Antizipation der Hörerreaktionen[4] kann der Sprecher sich natürlich auf die Tatsache stützen, daß die Bedeutungen der einzelnen sprachlichen Einheiten und Ausdrücke, die ihm zur Verfügung stehen, vom Hörer geteilt werden. Die Selbstreflexivität beim Sprechen ist die Bedingung für erfolgreiche Kommunikation im allgemeinen und für metasprachliche Äußerungen, das heißt Bezugnahmen auf den Code selbst oder auf andere Äußerungen (vgl. Jakobson, 1971) im besonderen.

Der so skizzierte Zusammenhang zwischen sprachlicher Kommunikation und Selbstbewußtsein soll hier nicht weiter vertieft werden, sondern die Folie

---

4   Man könnte auch sagen: Der Sprecher hat zu jedem Zeitpunkt Hypothesen darüber, welche Inhalte im Bewußtsein des Hörers gerade aktiviert sind (vgl. Chafe, 1994).

abgeben, auf der die sprachliche Selbstreferenz im allgemeinen und die Verwendung von Pronomina der ersten Person Singular im besonderen untersucht werden.

Semantische Struktur des Pronomens der ersten Person Singular

Ich gehört wie die anderen Personalpronomina auch zu den deiktischen Ausdrücken einer Sprache. Das Besondere an deiktischen Ausdrücken ist, daß es sich um referentielle Ausdrücke handelt, deren Referent nur in bezug zum jeweiligen Sprechakt oder Sprecher identifiziert werden kann. Demonstrativa wie zum Beispiel *dieser* oder *jener* bezeichnen eine deiktische Relation zwischen dem Sprecher und einem Referenten, und zwar in der Weise, daß der Referent sich nah oder fern vom jeweiligen Sprecher befindet. Zugleich markieren die Demonstrativa im deutschen das Genus des Referenten, zum Beispiel, ob der Referent männlich oder weiblich ist. Der Sprecher ist der indexikalische Grund, Ausgangspunkt für die deiktische Relation. Das Demonstrativpronomen gibt dem Hörer die Instruktion, ausgehend vom Sprecher den intendierten Referenten in räumlicher Nähe zum Sprecher (in einer durch eine Hand- oder Gesichtsgeste angezeigten Linie) zu suchen, der die Eigenschaft hat männlich oder weiblich zu sein oder dessen nominaler Ausdruck als maskulin oder feminin klassifiziert ist.

Personalpronomina im allgemeinen und Pronomina der ersten Person Singular im besonderen haben eine ganz analoge relationale Struktur. Sie ist schematisch in Abbildung 1 wiedergegeben.

Personalpronomina bezeichnen eine deiktische Relation zwischen einem indexikalischen Grund, das ist in der Regel der aktuelle Sprecher, und einem Referenten, der funktional durch seine Rolle im aktuellen Sprechakt gekennzeich-

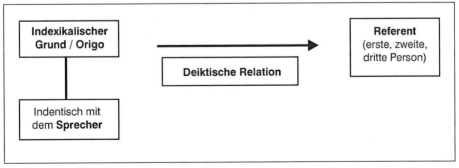

Abbildung 1   Relationale Struktur von Personalpronomina

net wird. Die semantische Kennzeichnung des Referenten von *du* ist »aktueller Hörer«, die von *ich* ist »aktueller Sprecher«. Die Charakterisierung des Referenten von *ich* und *du* ist ein wesentliches Element in der semantischen Struktur von Personalpronomina. Nur durch sie kann der Hörer tatsächlich den intendierten Referenten identifizieren. Der semantische Gehalt, das heißt die konventionelle Bedeutung des Personalpronomens der ersten Person Singular wird in der analytischen Philosophie, besonders von Anhängern der These der direkten Referenz von *ich*, als überflüssiges Beiwerk betrachtet (vgl. Jäger, 1999:187ff.). Daß Pronomina der ersten Person Singular immer mindestens eine solche konventionelle Bedeutung haben, ist schon ein Hinweis darauf, daß diese semantische Eigenschaft nicht unwesentlich sein kann.

Identifikation des Referenten der ersten Person Singular

Wenn ein Sprecher X während seiner Äußerung das Pronomen der ersten Person Singular *ich* verwendet, instruiert er damit den Hörer Y, ausgehend vom aktuellen Sprechakt das Individuum zu identifizieren, das gerade spricht. Eine solche Identifikation ist perzeptiv und kognitive nicht schwierig: 1) der dyadische Sprechakt ist eine hochgradig strukturierte und ontogenetisch früh (empraktisch) eingeübte Situation, 2) der Sprecher ist immer daran zu erkennen, daß er eben gerade seine Stimme benutzt um eine Äußerung zu tun und 3) erzeugt er stets den Sprechakt begleitende Gesten. Das wesentliche am Gebrauch des Pronomens der ersten Person Singular ist daher nicht der Selbstbezug des Sprechers zu sich selbst, sondern die damit verbundene Instruktion an den Hörer, damit dieser den intendierten Referenten finden kann. Es ist ja die Intention des Sprechers, daß der Hörer weiß, ob er über sich selbst oder über seinen augenblicklichen Gesprächspartner oder über jemand ganz anderen sprechen will.

Die Origo – der Terminus stammt von Karl Bühler (1982[1934]:102ff.) –, das heißt der indexikalische Grund von Personalpronomina, gehört wesentlich als ein Relatum zur Semantik dieser Wörter und ist meistens mit dem Sprecher identisch. Der Sprecher ist per Default der indexikalische Grund der deiktischen Referenz. In bestimmten Kontexten wird der indexikalische Grund aber auf andere Personen verschoben. Dies kann in indirekter Rede beobachtet werden; vgl. die Beispiele (1) und (2). Die Referenzidentität der Pronomina ist in den (wiederum konstruierten) Beispielen durch gleiche Indizes gekennzeichnet.

(1) *Du$_i$ hast gestern in dem Interview gesagt: »Ich$_i$ bin der größte Torjäger in der Bundesliga« und nach dem Spiel heute glaube ich$_j$ dir$_i$ das auch.*

(2) *Er$_i$ hat gestern in dem Interview gesagt:* »**Ich**$_i$ *bin der größte Torjäger aller Zeiten«* und nach den Spiel heute muß ich$_j$ dem wohl zustimmen.

In (1) referiert *ich* in dem Zitat nicht auf den aktuellen Sprecher der Äußerung, sondern auf den aktuellen Hörer, der aber der historisch vergangene Sprecher der zitierten Äußerung war. In (2) referiert *ich* in dem Zitat ganz analog auf eine aktuelle dritte Person, die der historisch vergangene Sprecher der zitierten Äußerung war. Die referentenbezogene Semantik von *ich* bleibt erhalten (das Pronomen der ersten Person Singular bezieht sich immer noch auf den Sprecher), aber der indexikalische Grund wird durch den ersten Teil der aktuellen Äußerung verschoben auf eine zweite oder dritte Person, die ein historischer Sprecher war. Wenn *ich* tatsächlich ein Ausdruck mit einer direkten (garantierten) Referenz wäre, dann dürfte eine solche Verschiebung der Referenz von *ich* nicht möglich sein.

Es gibt noch eine andere Klasse von Verwendungen von Pronomina der ersten Person, die meines Erachtens gegen die These von der direkten Referenz sprechen. Pronomina der ersten Person werden manchmal dazu verwendet, auf den Hörer zu referieren. Im Deutschen, Englischen und anderen europäischen Sprachen etwa gibt es das sogenannte Krankenschwester-Wir, das aber nicht auf solche medizinischen Kontexte festgelegt ist. Gemeint sind Ausdrücke vom Typ *Haben* **wir** *heute schon unsere Medikamente eingenommen?*, die zum Beispiel in Interaktionen von Ärzten oder Krankenschwestern mit den zu betreuenden Patienten (daher der Name) vorkommen können. Das Pronomen der ersten Person Plural bezieht sich hier auf den Hörer (zweite Person Singular) und nicht auf den Sprecher. Pragmatisch konnotiert eine solche Verwendung fürsorgliche Empathie. Man kann für einige Sprachen zeigen, daß deren höfliches Pronomen der zweiten Person aus dem Pronomen der ersten Person Plural entstanden ist. Über eine ähnliche gelagerte Verwendung von Pronomen der ersten Person Singular berichtet Kimura (vgl. 1995:96). Im Japanischen werden Kleinkinder häufig von ihrer Mutter mit dem Pronomen der ersten Person Singular angesprochen. *Boku* wird verwendet für kleine Jungen, *watshi* für kleine Mädchen, vgl. das Beispiel (3).

(3) *Boku* (erste Person Singular) / *watashi* (erste Person Singular) *wa* (Topik) *nani o nunu no?*
›Was willst du trinken?‹ (wörtlich: ›was mich betrifft, was trinken?‹)

Die in (3) dargestellte Verwendung der Pronomina der ersten Person Singular im Japanischen ist natürlich pragmatisch sehr eingeschränkt auf die Mutter-Kleinkind-Kommunikation. Die Mutter drückt damit starke Empathie beziehungsweise Identifikation mit ihrem Kind aus. Wenn die These von der eigennamen-ähnlichen Referenz der Pronomina der ersten Person Singular stimmte, könnte man sich eine solche Variation im Gebrauch nicht vorstellen.

Daß Pronomina der ersten Person Singular tatsächlich referentielle Ausdrücke sind, die eine Identifikation des Referenten durch die semantische Kennzeichnung erfordern, kann man sich an Situationen verdeutlichen, in denen der Hörer den Sprecher nicht sehen kann. Gute Bekannte oder Familienangehörige etwa melden sich am Telefon häufig mit *Hallo! Ich bin's.* In diesen Fällen kann der Hörer den Referenten als »aktuellen Sprecher« nur identifizieren, wenn er die Stimme wiedererkennt. Der Sinn dieses Typs von Sprechakten ist, sich erkennen zu geben, nicht über sich zu reden. Wie hier das Personalpronomen *ich* verwendet wird, spiegelt allerdings wider, wie es in der normalen Rede gebraucht wird

Unterschiede zwischen
erster Person Singular und Eigennamen

Eigennamen werden in der analytischen Philosophie als starre Designatoren bezeichnet, weil sie in jeder möglichen Welt (idealerweise) den Gegenstand bezeichnen, der so getauft wurde.[5] Die Verfechter der Idee von der direkten Referenz von *ich* sehen eine enge Verwandtschaft zwischen Eigennamen und dem Pronomen der ersten Person Singular, weil beide Zeichentypen ohne vermittelnde semantische Kennzeichnung des Referenten direkt referieren. *Ich* wird daher ebenfalls als starrer Designator betrachtet (vgl. Jäger, 1999:183ff.). Dabei wird allerdings ein wesentlicher Unterschied zwischen Eigennamen und Personalpronomina übersehen. Eigennamen referieren in der Tat direkt in dem Sinne, daß ihnen keine semantische Beschreibung inhäriert.[6] Aber Eigennamen fehlt

---

5   Die Idee, daß Eigennamen nicht aufgrund einer definiten Beschreibung referieren, kann man schon in Husserls *Logischen Untersuchungen* finden, wurde aber vor allem auch in Zusammenhang mit der Idee von der direkten Referenz von *ich* von Kripke und Kaplan hervorgehoben (vgl. Jäger, 1999:173f.).

6   Diese Charakterisierung von Eigennamen ist allerdings eine Idealisierung. Erstens gibt es in den Sprachen häufig ein klar begrenzbares lexikalisches Feld »Eigennamen für Personen«. Aus dieser Menge werden die Namen für die Neugeborenen genommen. Da die Menge der lexikalisch gegebenen Eigennamen in einer Sprache limitiert ist, ist es praktisch nie so, daß ein Name nur einem Individuum zukommt. Zum zweiten sind Eigennamen in vielen Kulturen tatsächlich beschreibend – man denke nur an die in der Mythologie verankerten beschreibenden Namen in nordamerikanischen Indianersprachen (vgl. »Der mit dem Wolf tanzt« in Lakhota oder »Peectá'ehìga« ›Der einen Feuersturm verursacht‹, ein Name des Bird Clans im Hocąk).

a) die deiktische Relation zwischen einem indexikalischen Grund und dem Referenten, die bei dem Pronomen *ich* in Abbildung 1 (Seite 63) festgestellt worden ist, und b) enthalten Eigennamen keine semantische Beschreibung des Referenten, was ebenfalls in Personalpronomina zu finden ist. Aus linguistischer Sicht ist also festzuhalten, daß sich Eigennamen in wesentlichen Punkten von Pronomina im allgemeinen und von Pronomina der ersten Person Singular im besonderen unterscheiden.

Aus der Beschreibung der semantischen Struktur von Personalpronomina und deren Gebrauch läßt sich eine Erklärung für die Annahme der Ähnlichkeit von Pronomina der ersten Person Singular und Eigenamen ableiten, die zugleich den Hintergrund für die Antwort der ersten Studentin, die ich eingangs wiedergegeben habe, bildet. Im Deutschen gibt es zahlreiche sprachliche Mittel, durch die man auf sich selbst referieren kann (siehe Tabelle 1, Seite 59). Diese Mittel werden jedoch nicht in gleicher Frequenz gebraucht. Eine statistische Untersuchung würde mit Sicherheit ergeben, daß das Pronomen der ersten Person Singular (in allen dazugehörigen Kasusformen) mit Abstand das am häufigsten verwendete Mittel der Selbstreferenz ist.[7] Aus der Sicht des einzelnen deutschsprechenden Individuums ist es tatsächlich das Wort *ich* (und seine kasusmarkierten Varianten), das in den allermeisten Fällen mit einem Selbstbezug verbunden ist. Es entsteht so in der Alltagskommunikation eine enge Verbindung zwischen dem Selbstbewußtsein und der Identität des Individuums und dem Gebrauch des Pronomens *ich*. *Ich* fungiert quasi wie ein subjektiver Eigenname. Es ist vermutlich dieser Sachverhalt, der die Idee nahelegt, daß die Bedeutung von *ich* die Persönlichkeitsmerkmale des Sprechers enthält. Sobald man allerdings zur Kenntnis nimmt, daß alle möglichen Sprecher des Deutschen ebenfalls *ich* zur Selbstreferenz benutzen, verflüchtigt sich der Eigennamencharakter von *ich* von selbst.

Paradigmatische Struktur von Personalpronomina

Der Gebrauch des Pronomens der ersten Person Singular ist immer wesentlich auf den Hörer bezogen. Der Hörer soll in den Stand gesetzt werden, zu erkennen, daß der Sprecher über sich sprechen will. Für den referentiellen Bezug auf den Hörer steht dem Sprecher jedoch ein anderes Pronomen zur Verfügung, nämlich das Pronomen der zweiten Person Singular *du*. Der Gebrauch von *ich* und *du* alterniert mit dem Wechsel der Sprechaktrollen. Es gibt also eine performative Symmetrie zwischen der ersten Person Singular und der zweiten Per-

---

7   Vgl. auch die Untersuchungen zur Textfrequenz von Personalpronomina und anderen referentiellen Ausdrücken in Helmbrecht (2004:414ff.).

son Singular. Dies ist eine weitere wesentliche Eigenschaft von *ich*. Die performative Symmetrie spiegelt sich in der nahezu universellen paradigmatischen Gegebenheitsweise von Personalpronomina wider. Pronomina der ersten Person Singular stehen nie allein, beziehungsweise sind nie nur vereinzelte referentielle Wörter in den Sprachen, sondern bilden eine Gruppe mit anderen Pronomina. Der minimale Kontrast, der in einem solchen pronominalen Paradigma zum Ausdruck kommt, ist der zwischen der ersten Person und der zweiten Person. Das ist (vermutlich) universell der Fall. Die kleinsten Pronominalsysteme, die man in den Sprachen findet, haben immer wenigsten einen Kontrast zwischen erster und zweiter Person, vgl. zum Beispiel das Pronominalsystem des Golin, einer Sprache Papua Neuguineas.

(4)   Golin (Chumbu, Papua Neuguinea; Foley, 1986:70)
         1. Person   *na*   ›ich, wir‹
         2. Person   *i*   ›du, ihr‹

Ähnlich minimale Pronominalsysteme finden sich im verwandten Salt-Yui (Papua Neuguinea) und in der Amazonassprache Múra-Pirahã. Das Besondere am Golin ist, daß die beiden Pronomen singularisch und pluralisch interpretierbar sind. Das ist in anderen Sprachen, die ähnlich kleine Paradigmen haben, nicht der Fall.[8] Das Paradigma in (4) weist keine Numerusdistinktionen auf und hat keine Formen für die dritte Person. Die allermeisten Pronominalsysteme weisen Kombinationen von Numerusdistinktionen wie Singular, Plural, Dual etc. und Personenkategorien auf. Pronomina der dritten Person jedoch fehlen häufiger in den Paradigmen und werden in diesem Fall zumeist durch Demonstrativa ersetzt.

Man könnte nun erwarten, daß die eben festgestellte performative Symmetrie zwischen erster Person *ich* und zweiter Person *du* sich in einer strukturellen Symmetrie in den Pronominalparadigmen widerspiegelt. Das ist jedoch nicht vollständig der Fall. Man findet eine Reihe von strukturellen Asymmetrien, die als eine besondere Prominenz der ersten Person interpretiert werden können. In der Sprachwissenschaft werden solche Asymmetrien in Form von Hierarchien dargestellt.[9] Eine wichtige Hierarchie, die für die Frage nach den Perso-

---

8   Die Existenz eines polysemen Pronomens der ersten Person, das sowohl als erste Person Singular als auch als erste Person Plural interpretiert werden kann – je nach Kontext – ist meines Erachtens Evidenz gegen die Hypothese einer direkten Referenz. Für die funktionale Interpretation der Pronomina der ersten Person Singular, die hier verfolgt wird, daß nämlich der Gebrauch dieser Formen den Hörer lediglich referentiell auf die richtige Fährte führen soll, stellt eine solche Polysemie kein Problem dar.

Abbildung 2 **Empathiehierarchie** (vgl. Dixon, 1979; Givón, 1984:159; Croft, 2003:130f.)

nenkategorien relevant ist, ist die sogenannte Empathiehierarchie, vgl. Abbildung 2.

Relevant für die hier diskutierten Eigenschaften der ersten Person Singular ist vor allen Dingen der linke Teil der Empathiehierarchie. Es handelt sich um eine Personenhierarchie, die eine Prominenz der ersten Person vor der zweiten und dritten beschreibt. Formal drückt sich diese Prominenz der ersten Person in den Paradigmen durch folgende Eigenschaften aus:

1) Wenn es eine Singular/Plural-Distinktion in den Pronominalparadigmen gibt, dann zuerst in der ersten Person. Empirisch bedeutet diese implikative Universalie, daß wir in den Sprachen Paradigmen finden, die eine Numerusdistinktion nur in der ersten Person haben, nicht jedoch in den anderen Personen. Vgl. das illustrative Paradigma aus dem Berik (Irian Jaya) in Beispiel (5).

(5) Subjektpronomina des Berik (Irian Jaya; Westrum & Wiesemann, 1986: 38f.)

	Singular	Plural	
1. Person	*ai*	*ne*	
2. Person	*aame*	*aame*	*(+ Pluralmarkierung am Verb)*
3. Person	*je*	*je*	*(+ Pluralmarkierung am Verb)*

In den Subjektpronomen des Berik gibt es eine Numerusdistinktion nur in der ersten Person. Für die anderen Personen kann der Plural nicht innerhalb des Paradigmas ausgedrückt werden. Plural wird in diesen Fällen separat am Verb markiert. Die implikative Universalie beschreibt umgekehrt die Gesetzmäßigkeit, daß es keine Sprachen gibt, die Numerusdistinktionen in der zweiten und/oder dritten Person aufweisen, aber nicht in der ersten Person. Dies kann natürlich nicht mit Beispielen illustriert werden. Die fast universell zu beobachtende paradigmatische Differenzierung zwischen Singular und Plural in der ersten Person ist auch dis-

---

9 Aus Platzgründen muß hier auf eine detaillierte methodische Darstellung der Markiertheitstheorie verzichtet werden, die die Grundlage für die Hierarchien ist; vgl. dazu Croft (2003:Kap.4 und Kap.5).

kurs-funktional nicht überraschend. Es ist für den Sprecher einer Sprachgemeinschaft wichtig zu markieren, ob er alleine gehandelt hat, oder zusammen mit anderen. Das Pronomen der ersten Person Plural referiert
auf Sprechergruppen, das heißt auf in einer bestimmten Situation zum
Sprecher gehörige Individuen, die durch den vorangehenden Kontext
oder Weltwissen näher spezifiziert werden.

2)   In den Nicht-Singular-Kategorien der ersten Person wird kategoriell fei-
ner differenziert als in den anderen Personenkategorien. Das soll durch
einige Beispiele verdeutlicht werden. In vielen Sprachen finden wir eine
Inklusiv/Exklusiv-Distinktion in der ersten Person. Das bedeutet, in dem
Paradigma finden sich zwei Pronomen der ersten Person Plural, eines, das
den Hörer in die Sprechergruppe einschließt, und ein anderes, das den
Hörer explizit ausschließt. Diese Distinktion wird in (6) an Hand des Pro-
nominalparadigmas des Rapanui illustriert.

(6)   Subjektpronomina des Rapanui (Polynesisch; Du Feu, 1996:140)

		Singular	Dual	Plural
1. Person	Inklusiv		*taua*	*tatou*
1. Person	Exklusiv	*au*	**maua**	**matou**
2. Person		*koe*		*korua*
3. Person		*ia*		*raua*

Das Paradigma enthält zwei Pronomina der ersten Person Plural, eine Inklu-
siv- und eine Exklusivform. Die letztere, *matou*, bedeutet ›wir, aber nicht du‹,
die erstere, *tatou*, bedeutet ›wir alle, auch du‹. Seltener findet sich in den Sprachen die Inklusiv/Exklusiv-Distinktion auch im Dual. Die erste Person inklusiv Dual *taua* bedeutet ›wir beide, ich und du‹, die erste Person exklusiv Dual
maua bedeutet ›wir beide, aber nicht du‹. Eine äquivalente kategorielle Differenzierung etwa der Bedeutung ›ihr, aber nicht er‹ ist für die zweite Person
nicht beobachtet worden.

Häufiger als eine Inklusiv/Exklusiv-Distinktion im Dual findet sich in den
Sprachen eine einzelne spezielle Form für ›ich und du‹, das heißt erste Person
inklusiv Dual. Eine erste Person inklusiv Dual, die keine kontrastierende Exklusivform im Paradigma aufweist gibt es zum Beispiel im Hocąk, einer Sioux-
Sprache in Nordamerika, vgl. Beispiel (7).

(7)   Subjekt Pronominalaffixes im Hocąk (Lipkind, 1945:22)

		Singular	Dual	Plural
1. Person	Inklusiv		*hī-*	*hī-...-wi*
1. Person	Exklusiv	*ha-*		*ha-...-wi*
2. Person		*ra-*		*ra-...-wi*
3. Person		*Ø-*		*...-ire*

Die Existenz solcher paradigmatisch isolierter Formen der ersten Person inklusiv Dual – es gibt im Hocąk (und den anderen Sprachen mit einer solchen Form) keine Dualkategorie, weder im nominalen noch im pronominalen Bereich – kann nur durch die Prominenz der beiden Sprechaktpartizipanten (erste und zweite Person) erklärt werden. Die besondere Prominenz der ersten Person zeigt sich darin, daß es vergleichbare Pronomen für die zweite Person, etwa mit der Bedeutung ›du und er‹ nicht gibt.

Die beobachtbaren strukturellen Asymmetrien in Bezug auf die erste Person sind die Grundlage für die Personenhierarchie (als Teil der Empathiehierarchie) in Abbildung 2. Der Grund für diese Asymmetrien ist zu suchen in der Verwendung von Pronomina der ersten Person. In vielen Fällen entsteht ein Sprechakt überhaupt nur, weil der Sprecher – der Initiator des Sprechaktes – etwas über sich (und seine Sprechergruppen) mitteilen will mit dem Ziel, den Hörer zu etwas zu bewegen (zum Beispiel zu einer Änderung seiner Einstellung oder zu einer Zustimmung zu dem, was der Sprecher getan hat, usw.). Selbstreferenz ist daher im Diskurs eine hochfrequente pragmatische Operation, die sich in der formalen Struktur der dazu gebrauchten Formen niederschlägt.

Die Kombination von Personenkategorien und Numeruskategorien ist typologisch gesehen die wichtigste Kombination von grammatischen Kategorien in Personalpronomina. Es gibt aber noch andere. Genusdistinktionen zum Beispiel sind ebenfalls sehr verbreitet, aber speziell für die erste Person nicht von Bedeutung. Ich möchte an dieser Stelle auf zwei andere Arten von Kategorien in Personalpronomina hinweisen, die besonders die soziale Stellung des Sprechers vis-à-vis seinem Gesprächspartner darstellen; das sind Höflichkeit und Alter/Generation.

In einer Reihe von australischen Aborigin-Sprachen werden die Referenten von Personalpronomina kategoriell danach unterschieden, ob sie der gleichen Generation angehören, oder ob sie sich um eine Generation unterscheiden, das heißt, sich einer der Referenten eine Generationsstufe über- oder unterhalb des anderen Referenten befindet. Bei den Pronomina der ersten Person bedeutet das, daß der Sprecher sich in bezug auf Generationenzugehörigkeit relativ zum anderen Referenten (das kann auch der Hörer sein) einordnet. Im Yindjibarndi, einer Pama-Nyungan-Sprache in Westaustralien, ist die Generationenzugehörigkeit in allen Dualpronomen relevant (vgl. die Formen in Tabelle 2).

Alter, und zwar gemessen in Generationenebene und nicht in absoluten Jahreszahlen, ist in vielen Kulturen ein wichtiger sozialer Parameter. Hohes Alter ist fast durchweg mit hohem sozialen Prestige verbunden. Ein Pronominalsystem, wie es in Tabelle 2 vorgestellt wurde, setzt voraus, daß der Sprecher die Generationenzugehörigkeit des Hörers und der dritte Person Referenten kennt, um die Formen richtig zu verwenden. Dies kann man sich natürlich nur in ganz kleinen Gesellschaften vorstellen. Ich möchte noch darauf hinweisen, daß die Inklusiv/Exklusiv-Distinktion nur für die Kategorie »gleiche Generation« existiert, was ein Hinweis auf die Bedeutung der Gruppe der Gleichaltrigen (*peer groups*) für den einzelnen sein kann.

Weniger exotisch als die kategorielle Markierung der Generationenzugehörigkeit der Referenten von Pronomina sind Höflichkeitsdistinktionen in Personalpronomina. Solche gibt es natürlich zuerst in Pronomina der zweiten Person (zum Beispiel im Deutschen zwischen zweite Person Singular Familiär *du* und zweite Person Singular Höflich *Sie*). Es gibt allerdings eine ganze Reihe von Sprachen – vor allem in Ostasien, aber nicht nur da –, die solche Distinktionen auch in der ersten Person aufweisen. Höflichkeitsdistinktionen in Pronomina der ersten Person bedeuten, daß es im Pronominalparadigma verschiedene Pronomina der ersten Person Singular gibt, die ein Sprecher verwendet abhängig von der sozialen Relation zwischen ihm und dem Hörer. Steht der Hörer sozial höher und verdient damit Respekt, wird ein anderes Pronomen verwendet, als wenn der Hörer sozial gleich oder tiefer steht. Durch die Wahl eines der erste Person Singular Pronomen definiert der Sprecher zugleich seine eigene soziale Stellung und die des Hörers relativ zu einander. Andere Parameter für den Gebrauch der erste Person Singular Pronomina mit solchen Höflichkeitsdistinktionen sind Art und Grad der Formalität der Gesprächssituation. Höflichkeitsdistinktionen in Pronomina der ersten Person sollen an Hand des Japanischen im nächsten Abschnitt kurz erläutert werden.

Tabelle 2   **Personalpronomina des Yindjibarndi**
                   (Pama-Nyungan, Australien; Wordick, 1982:72)

Person	Singular	Dual	Plural	Generation
1.	*ngayi*	*ngali* (inklusiv)	*ngaliyauu*	gleiche Generation
		ngaliya (exklusiv)		
		ngayuwarta	*ngayinhtharri*	± eine Generation Unterschied
2.	*nyinta*	*nyintauyha*	*nyintauu*	gleiche Generation
		nyinkuwi		± eine Generation Unterschied
3. near	*nhaa*	*nhurnuuyah*	*nhungkiirri*	gleiche Generation
		nhurnuwi		± eine Generation Unterschied
3. mid	*wala*	*walaakuyha*	*walaangkaatyirri*	gleiche Generation
		walaapi		± eine Generation Unterschied
3. far	*ngunhu*	*ngurnuuyha*	*ngunhungkiirri*	gleiche Generation
		ngurnuwi		± eine Generation Unterschied

Die Pronomina der ersten Person Singular im Japanischen

Personalpronomina im Japanischen unterscheiden sich in vielerlei Hinsicht von denen, die wir aus europäischen Sprachen gewohnt sind. Zunächst einmal ist die schiere Anzahl der Formen, die man als Pronomina bezeichnen könnte, wesentlich größer als etwa die der Pronomina im Deutschen. Zum zweiten sind die paradigmatischen Oppositionen, durch die sich Bedeutungsunterschiede manifestieren, nicht so deutlich, wie das im Pronominalsystem des Deutschen der Fall ist. Zum dritten ähneln Pronomina im Japanischen stark Nomina, und haben auch historisch häufig einen gut nachweisbaren nominalen Ursprung. Manche Linguisten würden auch eher dafür plädieren, für das Japanische keine eigene Klasse von Personalpronomina zu postulieren, sondern diese den Nomina unterzuordnen. Darüber hinaus wird der Gebrauch von Personalpronomina etwa zur Selbstreferenz im Japanischen generell eher vermieden. Das heißt, in Wortwechseln, in denen im Deutschen Pronomen erscheinen, fehlen entsprechende Äquivalente im Japanischen zumeist. In dem kurzen Dialog in Beispiel (8) kommt im japanischen Text kein einziges Personalpronomen vor, während diese in den deutschen Übersetzungen obligatorisch sind. Der Referent wird pragmatisch erschlossen. Personalpronomina werden dann verwendet, wenn der Sprecher annehmen muß, daß der Hörer seine Äußerung (Referenz) mißinterpretiert. Dazu muß der Sprecher immer über sehr genaue Hypothesen verfügen, was der Hörer gerade erwartet und inferieren kann und was nicht.

(8) Dialog im Japanischen (Kimura, 1995:103)
     A: *nani shiteruno*
         ›Was machst du?‹ (wörtlich: ›Was machen?‹)
     B: *ongaku o kiiterundayo*
         ›Ich höre Musik‹ (wörtlich: ›Musik hören‹)

Wenn Japanischsprecher durch ein Personalpronomen auf sich selbst referieren wollen, dann stehen ihnen im Prinzip zahlreiche Formen zur Verfügung. In Tabelle 3 sind die wichtigsten Personalpronomina der ersten Person Singular aufgelistet zusammen mit den Kontextbedingungen für deren Gebrauch und der Etymologie, falls bekannt.

Aus europäischer Sicht stellen die Kontextbedingungen, die in Tabelle 3 unvollständig und wenig systematisch aufgelistet worden sind, ein verwirrendes Geflecht von verschiedenen sozialen Parametern dar. Es ist nicht möglich, den Gebrauch der erste Person Singular Pronomina des Japanischen an Hand eines semantischen Parameters darzustellen. Wenn man einen Parameter auswählt, zum Beispiel den der Formalität der Gesprächssituation (vgl. Abbil-

Tabelle 3   **Personalpronomina der ersten Person im Japanischen (Yoko Nishina, persönliche Mitteilung; vgl. auch Shibatani, 1990a/b, 1998; Hinds, 1988)**

1. Person Singular Pronomina	Etymologie	Kontextbedingungen
watakushi	›private Angelegenheit‹ (Substantiv)	• formalstes Erste-Person-Singular-Pronomen • wird gebraucht in der Öffentlichkeit gegenüber unbekannten Personen und bekannten Personen, die Respekt verdienen (z. B. in einer Vortragssituation)
watashi		• etwas weniger höflich als *watakushi* • Standardform für Frauen • für Männer in gehobenen Situationen, wenn sie höflich sein wollen, etwa in Geschäftsbeziehungen
atashi		• wird benutzt von (jungen) Frauen • etwas lockerer als *watashi*
atai		• Jugendliche, vorwiegend Mädchen • sehr locker, fast vulgär • typisch für Teenager in ihren Cliquen (etwa in Kneipen)
washi		• vorwiegend alte Männer, aber auch alte Frauen • nicht öffentlich, unter Freunden • junge Männer benutzen *washi* manchmal, um älter zu erscheinen (angeberische Situationen)
uchi	›Haus, zu hause‹	• westjapanische Dialekte • wird von Frauen benutzt in nicht-öffentlichen Situationen • Gespräch mit Freundinnen, guten Bekannten
boku	›Sklave‹ (Substantiv)	• vorwiegend Männer • etwas lockerer als *watashi* • unter Studenten, Kollegen, Familie • locker, aber niemals vulgär • junge Männer, wenn sie mit ihren Professoren reden, aber nicht in Geschäftsbeziehungen
ore	? <onoré (Reflexivpronomen, siehe unten)	• wird von männlichen Jugendlichen und alten Männern gebraucht • vulgär • wenn Frauen es benutzen, dann ist es sehr vulgär
oira		• wird benutzt von Bauern/ Unterschicht • Kindern (Jungen und Mädchen) • hat bei Kindern einen ‚süße‘ Konnotation

temae	›Hand-vor‹ (vor der Hand; Substantiv)	• historisch von Hofdamen benutzt • Ladenbesitzer (altertümlich, nicht häufig gebraucht) • für die Referenz auf die zweite Person pejorative Bedeutung
konata	ko- ›dieser‹, ›hier‹ (Demonstrativpronomen) no- Genitive -ta ›Seite‹ (Substantiv)	• obsolet (Muromachi Periode; vgl. Whitman, 1999:383) • formal
jibun	›selbst‹ (Reflexivpronomen)	• Soldaten gegenüber ihren Vorgesetzten • Studenten gegenüber ihren Professoren • wenn mit sozial superioren Personen gesprochen wird • vorwiegend Männer • auch für die zweite Person Singular (vorwiegend in westjapanischen Dialekten) gebraucht
onoré	›selbst‹ (Reflexivpronomen) ono- ›selbst‹ -re substantivierendes Suffix	
chin		• wird ausschließlich vom Tenno (Kaiser) benutzt
ware		• obsolet • findet sich nur in alten poetischen Texten • Neutralisierung von Höflichkeitsdistinktionen, daher wird es in Buchtiteln oder Übersetzungen von Zitaten, die *ich* enthalten, wie »cogito ergo sum«, gebraucht • dagegen ist die Reduplikation von *ware*, *wareware* als Pronomen der ersten Person Plural im Standardjapanischen gebraucht
wagahai		• obsolet • benutzt von Personen in hoher beruflicher Stellung (Ämter, Politik) zu sozial inferioren (oder gleichen) Personen
asshi		• obsolet • Männer auf Wanderschaft (Handwerker) • Männer aus dem Proletariat • **nicht** Samurai/Adlige
sessha	›niedriger Mensch‹ (Substantiv)‘	• obsolet • Samurai (Krieger/Ritter) (12.–19. Jahrhundert)

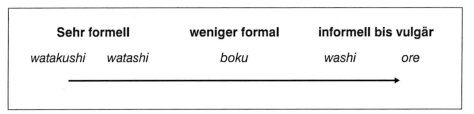

Abbildung 3 Formalitätsskala der Pronomen der ersten Person Singular (für Männer) im Japanischen

dung 3), dann bekommt man die ganze Varietät und Bandbreite der Pronomina nicht in den Blick.

Wesentliche semantische beziehungsweise pragmatische Parameter, die den Gebrauch der Pronomina in Tabelle 3 bestimmen, sind: Geschlecht des Sprechers (männlich/weiblich), Alter (zum Beispiel Teenager versus Alte), soziale Stellung (zum Beispiel hoch versus niedrig / intim-familiär versus distanziert-formell), Beruf usw. Durch die Wahl einer der Formen gibt der Sprecher zugleich zu verstehen, wie er die soziale Beziehung zwischen sich und dem Gegenüber einschätzt. Der Sprecher ordnet sich und sein Gegenüber in bezug auf die genannten sozialen Parameter ein. Die sozialen Verhältnisse werden auf diese Weise entweder bestätigt oder neu ausgehandelt. Der Gebrauch der Pronomina ist nämlich pragmatisch weniger strikt festgelegt als etwa der Gebrauch der beiden deutschen Pronomina *du* und *Sie*. Es gibt für den Japanischsprecher einen größeren Spielraum als für den Sprecher des Deutschen. Dies ist die Kehrseite der größeren Vielzahl von lexikalischen Alternativen, die dem Japanischsprecher zur Verfügung stehen.

Schlußfolgerungen

Pronomen der ersten Person Singular referieren nicht auf bestimmte allgemeine psychische Instanzen der Persönlichkeit. Schon gar nicht enthalten sie in ihrer Bedeutung Persönlichkeitsmerkmale des Sprechers. Das Pronomen der ersten Person Singular ist kein Eigenname oder eigennamenähnlicher Ausdruck, sondern ein referentieller Term, der auf den aktuellen Sprecher einer Äußerung referiert. Der Referent des Pronomens der ersten Person Singular wird funktional identifiziert durch die Sprechaktrolle, die er im aktuellen Sprechakt einnimmt, nämlich durch seine Eigenschaft, Sprecher zu sein. Das wesentliche am Gebrauch des erste Person Singular Pronomen ist, daß er dem Hörer Instruktionen gibt, über wen aktuell gesprochen wird, welchen Referenten der Sprecher intendiert. Damit unterscheidet sich das Pronomen der ersten Person Singular nicht von anderen deiktischen Ausdrücken der Sprache. Für den internen kognitiven Selbstbezug braucht der Sprecher kein Pronomen der ersten Person Singular. Dieser interne Selbstbezug ist vorsprachlich und im Prinzip auch sprachunabhängig. Im stillen internen Selbstgespräch benutzt der Sprecher nicht einmal *ich*, sondern das Pronomen der zweiten Person *du*, um sich auf sich selbst zu beziehen.

Der Gebrauch des Pronomens der ersten Person Singular zur Selbstreferenz stellt natürlich einen subjektiven Akt des Selbstbezuges dar. Die These von der direkten Referenz von *ich* hebt allerdings einseitig die Perspektive des Sprechers hervor und abstrahiert völlig von der eigentlich kommunikativen Funktion von *ich*. Natürlich kann der Sprecher sich nicht täuschen, wenn er sich mit dem Wörtchen *ich* auf sich selbst bezieht, und er braucht auch keine definite Beschreibung/Kennzeichnung um sich als Referenten zu identifizieren. Aber dieser Selbstbezug ist unabhängig von der Verwendung von *ich*. Die oben angeführten sprachlichen Alternativen zur Selbstreferenz als auch die Gebrauchsweisen, in denen Pronomina der ersten Person nicht auf den Sprecher referieren, zeigen, daß *ich* nicht als starrer Designator mit einer direkten und garantierten Referenz analysiert werden sollte. Die Sichtweise, die in der analytischen Philosophie vertreten wird, geht an den wesentlichen Eigenschaften von *ich* vorbei. Wesentlich für den kommunikativen Gebrauch von *ich* ist der Bezug auf den Hörer. Das wurde am Beispiel des Japanischen herausgearbeitet. Die zahlreichen Pronomina der ersten Person im Japanischen hängen in ihrer Verwendung ab von den Einschätzungen des Sprechers bezüglich der spezifischen Sprechsituation und der soziale Relation zum Hörer. Der Hörer gehört wesentlich zur Semantik und Pragmatik der präsentierten erste Person Singular Pronomina im Japanischen.

Das Selbstbewußtsein und die Identität des Individuums entstehen in der sozialen Interaktion. Das wurde überzeugend von Mead im Rahmen seiner Theorie des symbolischen Interaktionismus beschrieben. Der wesentliche Mechanismus dafür ist die Übernahme der Perspektive des Interaktionspartners, das heißt die Hypothesen des Handelnden über die inneren und äußeren Reaktionen des anderen auf seine Handlungen. Sprechen ist soziales Handeln und wie dieses wird auch das Sprechen ständig durch die beobachtete und internalisierte Perspektive des anderen kontrolliert. In diesem Prozeß werden die kulturellen und sozialen Werte und Regeln (als generalisierte Verhaltenserwartungen des anderen) internalisiert. Der Gebrauch von Pronomina der ersten Person Singular spielt in diesem Prozeß der Identitätsbildung des Individuums die gleiche Rolle wie der Gebrauch von Sprache überhaupt. Am Beispiel des Japanischen ist besonders gut zu sehen, daß der Gebrauch der Pronomina der ersten Person Singular widerspiegelt, wie der Sprecher sich sozial und psychologisch seinem Gesprächspartner gegenüber einordnet und wie er den Gesprächspartner gegenüber sich selbst einordnet. Mit dem Gebrauch der Pronomina der ersten Person Singular werden zugleich soziale Rollen fixiert, bestätigt oder modifiziert – insofern trägt der Gebrauch der erste Person Singular Pronomina zur Entwicklung des Selbst beziehungsweise der Identität des Sprechers bei.

Sprechen ist soziales Handeln. Der Sprecher verfolgt beim Eintritt in eine kommunikative Situation soziale Zwecke. Dies hat zwangsläufig zur Folge, daß Selbstreferenz eine diskursiv hochfrequente sprachliche Operation ist. Dies hinterläßt Spuren in der Grammatik der Sprachen – auch hinsichtlich der formalen Gestalt von Pronominalsystemen. Die performative Dominanz der ersten Person spiegelt sich wider in den strukturellen Asymmetrien im Paradigma, die durch die Empathiehierarchie beschrieben werden können.

Literatur

Anscombe, E. (1975) The first person. In: Guttenplan, S. (ed.) *Mind and Language*. Oxford: Clarendon.

Backhaus, P. (2002) *Sprachwandel in Japan – Pronominale Selbstreferenz bei männlichen Sprechern*. (Unpubl. Magisterarbeit: Düsseldorf).

Benveniste, E. (1947) Structure des relations de personne dans le verbe. *Bulletin de la Société de Linguistique de Paris, 43(126)*, 1-12.

Benveniste, E. (1956) La nature des pronoms. In: Halle, M., Lunt, H. G., McLean, H. & van Schooneveld, C. H. (eds.) *For Roman Jakobson. Essays on the occasion of his sixtieth birthday, 11 October 1956*. The Hague: Mouton. 34-37.

Bühler, K. (1982) [1934] *Sprachtheorie*. Stuttgart: Fischer.

Chafe, W. (1994) *Discourse, Consciousness, and Time. The Flow and Displacement of Conscious Experience in Speaking and Writing*. Chicago: University Press.

Chisholm, R. (1981) *The First Person: An Essay on Reference and Intentionality*. Brighton: Harvester.

Croft, W. (2003) *Typology and Universals*. Cambridge: University Press.

Dik, S. (1997). *The Theory of Functional Grammar. Part 1: The Structure of the Clause*. Berlin, New York: Mouton de Gruyter.

Dixon, R. W. M. (1979) Ergativity. *Language*, 55, 59-138.

Du Feu, V. (1996) *Rapanui*. London: Routledge.

Duszak, A. (2002 ed.) *Us and Others. Social Identities across Languages, Discourse and Cultures*. Amsterdam: Benjamins.

Foley, W. (1986) *The Papuan Languages of New Guinea*. Cambridge: University Press.

Givón, T. (1984) *Syntax: A Functional-Typological Introduction*, Vol. 1. Amsterdam: Benjamins.

Habermas, J. (1988) Individuierung durch Vergesellschaftung. Zu George Herbert Meads Theorie der Subjektivität. In: Habermas, J. (Hg.) *Nachmetaphysisches Denken. Philosophische Aufsätze*. Frankfurt: Suhrkamp. 187-241.

Harada, S. J. (1976) Honorifics. In: Shibatani, M. (ed.) *Syntax and Semantics 5: Japanese Generative Grammar.* New York: Academic Press. 499-561.

Helmbrecht, J. (2004) *Personal Pronouns: Form, Function, and Grammaticalization.* (Habil.: Erfurt).

Hinds, J. (1988) *Japanese.* London: Croom Helm. (Croom Helm Descriptive Grammars, 4).

Holenstein, E. (1985) Die eigenartige Grammatik des Wortes »ich«. Die Plazierung des Ich in der Rede. In: Holenstein, E. (Hg.) *Menschliches Selbstverständnis. Ichbewußtsein, Intersubjektive Verantwortung, Interkulturelle Verständigung.* Frankfurt: Suhrkamp. 59-77.

Jakobson, R. (1957) *Shifters, Verbal Categories and the Russian Verb.* Cambridge: Russian Language Project, Dept. of Slavic Linguistics and Literatures, Harvard University.

Jakobson, R. (1971) [1957]. The speech event and the functions of language. In: Waugh, L. R. (ed.) *On language / Roman Jakobson.* Cambridge: Havard University Press. 69-79.

Jäger, C. (1999) *Selbstreferenz und Selbstbewußtsein.* Paderborn: mentis.

Joas, H. (1989) *Praktische Intersubjektivität. Die Entwicklung des Werkes von G. H. Mead.* Frankfurt: Suhrkamp.

Kimura, B. (1995) *Zwischen Mensch und Mensch. Strukturen japanischer Subjektivität.* Darmstadt: Wissenschaftliche Buchgesellschaft.

Lipkind, W. (1945) *Winnebago Grammar.* New York: King's Crown Press.

Mead, G. H. (1973) [1934]. *Geist, Identität und Gesellschaft.* Frankfurt: Suhrkamp.

Mittelstraß, J. et al. (1995 eds.) *Enzyklopädie Philosophie und Wissenschaftstheorie.* Band 2. Stuttgart: Metzler.

Shibatani, M. (1990a) *The Languages of Japan.* Cambridge: University Press (Cambridge Language Surveys).

Shibatani, M. (1990b) Honorifics. In: Asher, R. E. & Simpson, J. M. Y. (eds.) *The Encyclopedia of Language and Linguistics. Vol. 3.* Oxford: Pergamon. 1600-1608.

Shibatani, M. (1998) Honorifics. In: Mey, J. L. (ed.) *Concise Encyclopedia of Pragmatics.* Amsterdam: Elsevier. 341-350.

Shoemaker, S. (1963) *Self-Knowledge and Self-Identity.* Ithaca: Cornell.

Strawson, P. (1959) *Individuals.* London: Methuen.

Tugendhat, E. (1979) *Selbstbewußtsein und Selbstbestimmung. Sprachanalytische Interpretationen.* Frankfurt: Suhrkamp.

Westrum, P. & Wiesemann, U. (1986) Berik Pronouns. In: Wiesemann, U. (ed.) *Pronominal Systems.* Tübingen: Narr. 37-46.

Whitman, J. (1999) Personal pronoun shift in Japanese. In: Kamio, A. & Takami, K.-I. (eds.) *Function and Structure. In Honor of Susumu Kuno.* Amsterdam: Benjamins. 357-387.

Wordick, F. J. F. (1982) *The Yinjibarndi Language.* Canberra: Australian National University (Pacific Linguistics Series C, No. 71).

Abstract

Self-reference and Self-consciousness:
On the Grammatical and Pragmatic Structure of 'I'

The goal of the present article is to discuss some connections between self-reference, self-consciousness and the grammatical and pragmatic properties of the first person singular I from linguistic perspective. The idea – brought up in ordinary language philosophy – that *I* is a unique referential expression with a guaranteed referent will be rejected with arguments taken from a linguistic analysis of the use of the first person singular pronoun and other means which fulfill the same purpose. *I* does not refer to self-consciousness of self-identity as psychological components of the speaking individual, but to the actual speaker. As such *I* has always a functional symmetrical correlation to the hearer. Grammatical asymmetries in pronominal paradigms are not reflexes of the uniqueness of the first person singular, but effects of the high frequency of the act of self-reference, mostly employing the first person pronoun. However, self-consciousness or self-reflexivity, respectively are preconditions for the successful linguistic communication in general and the usage of first person pronouns in particular. This can be demonstrated with regard to the semantic categories of the Japanese personal pronouns.

Anschrift:
Prof. Dr. Johannes Helmbrecht
Professur für Allgemeine und Vergleichende Sprachwissenschaft
Universität Regensburg
Institut für Medien-, Informations- und Kulturwissenschaft (IMIK)
Universitätsstraße 31
93053 Regensburg

Sprachliche Kompetenz

Karlfried Knapp* & Christian Lehmann**

Angewandte Sprachwissenschaft, Universität Erfurt
**Allgemeine und Vergleichende Sprachwissenschaft, Universität Erfurt

Nach einer kurzen Übersicht über unterschiedliche in der aktuellen Literatur vertretene Konzepte von Sprachkompetenz und Sprachbeherrschung entwickelt dieser Beitrag ein umfassendes Konzept von Sprachkompetenz, das den folgenden Anforderungen gerecht werden kann: a) Es sollte alle relevanten Facetten von sprachlichem Wissen, Sprachfähigkeit und Sprachbeherrschung zu erfassen erlauben, b) es sollte gleichermaßen anwendbar sein auf die Muttersprache wie auch auf die Fremdsprachen eines Individuums, c) es sollte dergestalt operationalisierbar sein, daß die Kompetenz eines Individuums in einer bestimmten Sprache gemessen und verglichen werden kann sowohl mit der Kompetenz eines anderen Individuums in dieser Sprache als auch mit der Kompetenz desselben Individuums in anderen Sprachen, d) es sollte auf einer theoretischen Basis formuliert sein, die es erlaubt, die Interdependenz sprachlicher Kompetenz mit angrenzenden Fähigkeiten und Kompetenzen wie Intelligenz, Kreativität, sozialen Fähigkeiten usw. empirisch zu untersuchen.

Einleitung

Eine zentrale Frage in der Diskussion um das Verhältnis von Sprache und Geist betrifft die Art und Zahl der Faktoren, die erfolgreicher Sprachverwendung zugrunde liegen. Hierzu gibt es in der Allgemeinen Sprachwissenschaft, der Angewandten Linguistik und der Psychologie recht unterschiedliche Antworten, die als Explikation dessen gelten können, was sprachliche Kompetenz ausmacht. Eine solche Explikation ist sowohl theoretisch wie praktisch bedeutsam – theoretisch, weil davon das Explanandum der Sprachtheorie oder auch allgemeiner einer Theorie der kognitiven Fähigkeiten des Menschen abhängt, und praktisch, weil auch die Vermittlung und Bewertung konkreter sprachlicher Fähigkeiten und Fertigkeiten eine solche Explikation als Bezugsmaßstab voraussetzt. Allerdings ist das Konzept ›sprachliche Kompetenz‹ jeweils zwischen diesen Wissenschaften so verschieden gefaßt, daß eine Verständigung ohne eine genaue Definition dessen, was damit gemeint ist, kaum möglich erscheint.

In der Allgemeinen Sprachwissenschaft wird unter dem Einfluß der Arbeiten von Noam Chomsky (z. B. 1986:3-13) ›Kompetenz‹ gemeinhin als ein abstraktes Wissen von grammatischen Regeln einer Sprache verstanden. Für ihn ist Kompetenz ein rein theoretischer Begriff, der vom konkreten Gebrauch dieses Wissens bei Produktion und Verstehen ebenso abstrahiert wie von der Variation zwischen Individuen hinsichtlich Art und Umfang dieses Wissens und der Fähigkeit, es anzuwenden. In wissenschaftsgeschichtlicher Perspektive handelt es sich um eine psychologische Hypostasierung der grammatischen Beschreibung der Struktur einer Sprache, die der Strukturalismus sonst ›Sprachsystem‹ nennt.

In der angewandten Linguistik steht demgegenüber die praktische Anwendbarkeit sprachlichen Wissens im Vordergrund. Deshalb wird hier ›Kompetenz‹ in der Regel weiter und in Anlehnung an Hymes (1972) als ›kommunikative Kompetenz‹ gefaßt, das heißt als Wissen nicht nur von grammatischen Regeln, sondern auch von Regeln des Gebrauchs, auf deren Basis dieses Wissen sozial angemessen anzuwenden und zu interpretieren ist. Zudem wird in der angewandten Linguistik Kompetenz als ein variierend ausgeprägtes Merkmal von Individuen begriffen, das als ›Sprachkompetenz‹, ›Sprachfähigkeit‹, ›Sprachbeherrschung‹, ›Sprachstand‹, ›proficiency‹, ›language ability‹ oder ähnlich in seinem Umfang meßbar ist.

Auch in der Psychologie spielen die Eigenschaften von ›kommunikativer Kompetenz‹ und die Meßbarkeit der individuellen Variation sprachbezogener Fähigkeiten und Fertigkeiten eine Rolle. Dabei wird allerdings ›kommunikative Kompetenz‹ in der Sozialpsychologie, zum Beispiel bei Spitzberg (1988), verstanden als ein sozialer Eindruck, den ein Individuum hinsichtlich der Effektivität und der Angemessenheit der verwendeten sprachlichen Mittel bei seinem Interaktionspartner hinterläßt. Damit wird diese Kompetenz ausschließlich über wahrnehmbares Verhalten definiert. In der differentiellen Psychologie werden die Faktoren, die dem Sprachgebrauch zugrunde liegen, als Komponenten von Intelligenz beschrieben und als faktorenanalytisch gewonnene Konstrukte meßbar gemacht.

Die Verschiedenheit dieser Konzeptionen von sprachbezogenem Wissen und der Fähigkeit, es bei der Bewältigung alltäglicher sprachlicher Aufgaben anzuwenden, stellt ein Problem dar für das Projekt, von dessen theoretischen Grundlagen dieser Beitrag berichtet. Ziel dieses Projektes ist es, ein Konzept zu entwickeln, das auf sprachtheoretischer Grundlage Grade des Erfolgs im analytischen wie produktiven Umgang mit Aspekten von Sprache faßt und es erlaubt, Individuen hinsichtlich solcher Grade zu unterscheiden sowie vorauszusagen, welchen Erfolg sie beim Umgang mit sprachlichen Phänomenen haben werden.[1] Dieses Konzept soll hier vorläufig mit ›sprachliche Kompetenz‹ bezeichnet werden. Seine genauere Definition ist Gegenstand des Abschnitts ›Dimensionen der sprachlichen Kompetenz‹ (Seite 87). Zuvor jedoch wird der nachfolgende Literaturbericht zeigen, daß eine solche konzeptuelle Klärung für die Ziele eines solchen Projekts notwendig ist.

Modelle von sprachlichen Fähigkeiten

Die ersten Vorstellungen von den Faktoren, auf denen konkretes Sprachverhalten basiert, wurden in der differentiellen Psychologie entwickelt. Schon Anfang des 20. Jahrhunderts argumentierte Spearman (1904), daß wie jedes intellektuelle Verhalten auch sprachliches Verhalten auf einen einzigen Faktor g – generelle Intelligenz – zurückzuführen ist. Im Verlauf des 20. Jahrhunderts wurde das Spearmansche monofaktorielle Modell weiter differenziert. Mit dieser Differenzierung wurden auch explizit sprachbezogene Faktoren eingeführt, so zunächst bei Thurstone (1938), der sieben mentale Fähigkeiten unterschied, von denen zwei explizit verbal (das heißt sprachlich) waren, nämlich ›verbales Verstehen‹ und ›verbale Gewandtheit‹. In der Folge wurde g weiter in Teilfaktoren differenziert, die immer auch eine Zahl von verbalen Faktoren einschlossen, bis hin zu extrem komplexen Modellen der menschlichen Intelligenz wie dem *Structure of Intellect Model* von Guilford und Hoepfner (1971), von dessen insgesamt 150 Faktoren zahlreiche auf sprachliches Verhalten bezogen sind.

Auch in den Bereichen der angewandten Linguistik, die sich mit der Definition und Messung von sprachlichen Fähigkeiten befassen, läßt sich eine derartige Entwicklung zu immer weiter ausdifferenzierten Modellen beobachten. Als

1   Dieses Projekt ist entstanden aus einem Seminar zu »Sprachkompetenz und Sprachbegabung«, das die Autoren gemeinsam im Sommersemester 2006 an der Universität Erfurt durchgeführt haben. Anlaß dieses Seminars war die Beobachtung, daß zahlreiche Studienanfänger der Sprachwissenschaft wie der Philologien wegen unzureichender sprachanalytischer Fähigkeiten und mangelnder Fremdsprachenkenntnisse scheitern. Dies legte den Gedanken nahe, ein Verfahren zu entwickeln, mit dem man vor Studienbeginn die Eignung von Studierenden für ein sprachwissenschaftliches oder philologisches Fach feststellen und sie entsprechend beraten kann. Die Bestimmung von Eignung oder Begabung für Sprache (und möglicherweise: deren Analyse) setzt logischerweise eine Bestimmung von ›Sprachkompetenz‹ voraus. Wir danken unseren Studierenden für Anregungen, die in diesen Beitrag eingeflossen sind.

bahnbrechend für die Bestimmung fremdsprachlicher Fähigkeiten gilt die Arbeit von Carroll (1961), in der er die folgenden Aspekte als relevant unterscheidet:

▸ Auf der Ebene des sprachlichen Wissens die Kenntnis der Sprachstruktur und des Lexikons,

▸ auf der Ebene der Kommunikationskanäle die Fähigkeiten, Laute zu diskriminieren und zu produzieren, sowie Schriftsymbole in Laute und Laute in Schriftsymbole zu konvertieren,

▸ sowie schließlich auf einer Ebene, die man als ›Gewandtheit‹ bezeichnen könnte, die Geschwindigkeit und Genauigkeit von Hörverstehen, Sprechen, Leseverstehen und Schreiben.

Gegen dieses an den traditionell in der Fremdsprachendidaktik unterschiedenen vier Fertigkeiten orientierte und vergleichsweise komplexe Modell, das auch dem von Carroll und Sapon (1959) entwickelten Konstrukt der Fremdsprachenlerneignung zugrunde liegt, setzte Oller (1976) die Theorie einer monofaktoriellen allgemeinen Sprachfähigkeit. Ollers Theorie gilt jedoch inzwischen als Resultat eines statistischen Artefakts und damit als widerlegt (Vollmer & Sang, 1983), und seither sind multikomponentielle Konzeptionen weithin akzeptiert (Carroll, 1983; Bachman, 1990).

Die Verbreitung solcher Konzeptionen verdankt sich vor allem der Sicht, daß Sprachenlernen primär den Erwerb kommunikativer Kompetenz bedeutet, und hier insbesondere der Definition von ›kommunikative Kompetenz‹ durch Canale und Swain (1980), die dafür die folgenden Komponenten als konstitutiv unterschieden:

▸ *Grammatische Kompetenz:* Kenntnis des Lexikons und der Elemente und Regeln des Sprachsystems

▸ *Diskurskompetenz:* Fähigkeit, Äußerungen zu einem bedeutungsvollem Ganzen zusammenzufügen

▸ *Soziolinguistische Kompetenz:* Kenntnis der soziokulturellen Regeln des Sprachgebrauchs

▸ und schließlich *Strategische Kompetenz:* Einsatz von Kompensationsstrategien zur Bewältigung von Ausdrucks- und Verstehensproblemen aufgrund unzureichender Sprachkompetenz.

Das Modell von Canale und Swain ist in großangelegte vergleichende Studien zur Entwicklung fremdsprachlicher Fähigkeiten eingegangen (Harley, Allen, Cummins & Swain, 1990). Es hat auch die Entwicklung von Tests zur Erfassung kommunikativer Fähigkeiten befördert, die charakteristischerweise Aufgaben verwenden, welche authentisch sind in dem Sinne, daß sie vom Probanden komplexen, meist interaktiven Sprachgebrauch in einer ihm vertrauten Situation verlangen (Bachman, 1990).

Konzeptionen fremdsprachlicher Fähigkeiten weisen oft noch wesentlich mehr Bestandteile auf als das Modell von Canale und Swain. So berichtet Cummins (1984) von Vorschlägen mit 64 verschiedenen Komponenten, und die Deskriptoren von sprachlichen Fähigkeiten des Gemeinsamen Europäischen Referenzrahmens, nach denen Lerner den verschiedenen Niveaustufen von Fremdsprachenkompetenz zugeordnet werden können sollen, gehen in die Hunderte (Council of Europe, 2001).

Derartig ausdifferenzierte Modelle sind allerdings kaum noch einer empirischen Überprüfung zugänglich und verfehlen auch den Zweck theoretischer Modellierung, nämlich die Wirklichkeit mittels einer Reduktion auf entscheidende Merkmale zu erklären. Zudem legen Untersuchungen wie Vollmer (1982) oder Sasaki (1993) nahe, sprachliche Fähigkeiten sowohl mit generellen, allgemein-kognitiven und allgemein-sprachbezogenen Faktoren zu fassen als auch mit Komponenten, die spezifische sprachliche Eigenschaften fokussieren. Selbst wenn man konzediert, daß sich die individuelle Ausprägung sprachlicher Fähigkeiten nicht mit nur einem Faktor abbilden läßt, stellt sich deshalb die Frage, wie viele Komponenten für deren Erfassung notwendig sind, welche dies sind und ob sie sich zu Komponenten höherer Ordnung zusammenfassen lassen.

Trägt man einzelne Befunde aus der Literatur zusammen, wird rasch offensichtlich, daß die Komponenten und Kriterien, auf deren Basis man sprachliche Fähigkeiten beschreiben und bewerten möchte, auch Aspekte berücksichtigen müssen, die nicht schon mit der bloßen Auflistung von Dimensionen einer kommunikativen Kompetenz gegeben sind. Mindestens die folgenden Aspekte spielen eine gewichtige Rolle:

▸ Die der Manifestation von sprachlichen Fähigkeiten zugrundeliegenden Prozesse, die auf die Art und den Gebrauch des sprachlichen Wissens Bezug nehmen:[2] Dies betrifft insbesondere die von Anderson (1983) einge-

---

2   Dieser Gesichtspunkt spielt auch in der neueren Intelligenzforschung eine zunehmende Rolle. In ihr wurden in Entgegensetzung zu Konzeptionen wie dem *Structure of Intellect Model* Theorien entwickelt, die vom Messen einzelner Faktoren als Produkten von Intelligenz abrücken und statt dessen die intelligentem Verhalten zugrundeliegenden Prozesse zu erklären versuchen. Diese Theorien fokussieren auch den Aspekt der Entwicklung von Intelligenz. Zum Beispiel Sternberg (1985, 1988) betont, daß Expertise durch Wissen *und* dessen Gebrauch (knowledge *and* skill) charakterisiert ist.

führte Unterscheidung von deklarativem und prozeduralem Wissen und die Beschreibung von Fortschritt im sprachlich gesteuerten Lernen als Prozeduralisierung, das heißt Automatisierung der Anwendung von deklarativem Wissen.[3]

▸ Die Norm, an der sprachliche Fähigkeiten gemessen werden sollen (Hulstijn, 2007): In Sprachstandstests bei Fremdsprachenlernern ist dies üblicherweise die Kompetenz des gebildeten Muttersprachlers der betreffenden Fremdsprache. Doch diesem Ideal – wie immer es auch zu definieren wäre – werden die meisten Lerner nicht einmal in ihrer eigenen Muttersprache gerecht: Sprecher einer Sprache variieren unter anderem nach Bildungsstand und Lebenserfahrung beträchtlich in ihren sprachlichen Fähigkeiten.

▸ Nicht-sprachliches Wissen, allgemeine kognitive Fähigkeiten und Individuenmerkmale: Viele kommunikative Aufgaben lassen sich auch bei beschränkten sprachlichen Mitteln durch Rückgriff auf außersprachliches Wissen und inferenzielle Strategien bewältigen, und die Ausführung vieler kommunikativer Aufgaben ist abhängig von Persönlichkeitsvariablen wie Extrovertiertheit (Dewaele & Furnham, 1999).

▸ Die individuelle nicht-sprachliche kognitive Ausstattung: Dazu gehört zum Beispiel die Größe des Arbeitsgedächtnisses, die für die bei Sprachproduktion und -verstehen on-line verarbeitbare Menge an Information entscheidend ist.[4]

▸ Metakognitive Strategien: Es hat sich zum Beispiel gezeigt, das die Fähigkeit, eine zweite Sprache zu erlernen, hoch mit der Fähigkeit korreliert, in der Erstsprache beim Lesen erfolgreich Zeichen phonologisch und orthographisch zu verarbeiten und Wörter zu erkennen (Sparks & Ganschow, 2001). Es ist anzunehmen, daß mit der Erstsprache erworbene Strategien des Umgangs mit Sprache einen entscheidenden Einfluß auf den Zweitsprachenerwerb haben.

---

3   Die Automatisierung entspricht der Ebene im oben erwähnten Modell von Carroll (1961), die wir mit ›Gewandtheit‹ bezeichnet haben. In der Literatur zur Zweitsprachenerwerbsforschung sind ähnliche Begriffpaare verbreitet, etwa ›Wissen‹ und ›Kontrolle‹ (der Sprachproduktion) bei Bialystok und Bouchard-Ryan (1985).

4   Nach Miyake und Friedman (1998) korrelieren individuelle Unterschiede in der Größe des Arbeitsgedächtnisses für die Verarbeitung der Erstsprache nicht nur mit Unterschieden in der Verarbeitung einer Zweitsprache, sondern erklären auch Unterschiede im Verlauf und Ergebnis des Zweitsprachenerwerbs.

Die beiden letztgenannten Punkte machen deutlich, daß sprachliche Fähigkeiten in der Erst- und einer Zweitsprache nicht voneinander unabhängig sind. Die meisten in der Angewandten Linguistik vorgeschlagenen Modelle sprachlicher Fähigkeiten richten sich jedoch ausschließlich auf die Beherrschung einer Fremdsprache und beziehen Fähigkeiten in der Erst- und Zweitsprache allenfalls punktuell aufeinander. Dies ist schon deshalb unbefriedigend, weil wenig erwartbar scheint, daß die sprachlichen Fähigkeiten eines Sprechers in einer Fremdsprache die in seiner Muttersprache überschreiten. Deshalb soll im folgenden ein einheitliches Konzept entwickelt werden, das es erlaubt, Aussagen über Grade der Beherrschung von Erst- und Zweitsprache zu machen.

Dimensionen der sprachlichen Kompetenz[5]

Wir stellen im folgenden ein Konzept von Sprachkompetenz vor, welches die Beherrschung einer Sprache – Mutter- oder Fremdsprache – durch ein Individuum modelliert und Ansatzpunkte für deren Quantifikation bietet. Es ist nach vier Dimensionen gegliedert:

‣ kognitive Ebenen der sprachlichen Kompetenz
‣ Ebenen der Allgemeinheit der Sprachkompetenz
‣ Modi der sprachlichen Kommunikation
‣ Flüssigkeit.

Diese sind wie folgt zu erläutern:

Kognitive Ebenen der sprachlichen Kompetenz

Sprachliche Kompetenz umfaßt die in Tabelle 1 dargestellten beiden Bewußtseinsebenen der *prozeduralen* und der *reflexiven* (oder deklarativen) Kompetenz.

Während prozedurale Sprachkompetenz die Fähigkeit umfaßt, durch eine Sprache zu kommunizieren und die Welt zu begreifen, umfaßt reflexive Sprachkompetenz deklaratives Wissen darüber, wie die Sprache organisiert ist, welche

Tabelle 1   Prozedurale und reflexive Sprachkompetenz

Ebene	Beherrschung	Kompetenz	Gehalt
nieder	prozedural	Sprachfähigkeit	Fertigkeiten des Sprechens und Verstehens
höher	reflexiv	Sprachkenntnis	rekursive Reflexion auf Sprache

---

5   Dieser Abschnitt deckt sich inhaltlich weitgehend mit Lehmann (2007:Kap.3.3)

Rolle sie im menschlichen Leben spielt und wie und unter welchen Bedingungen sie funktioniert. So setzt zum Beispiel die Fähigkeit, neben der nativen Variante bayrisch zu sprechen, prozedurale Sprachkompetenz im Bayrischen voraus. Das Wissen, daß es sich in der Tat um den bayrischen Dialekt handelt und daß dieser das periphrastische Perfekt anstelle des einfachen Präteritums verwendet, stellt dagegen ein deklaratives Wissen dar. Sprecher unterscheiden sich in ihrer reflexiven Sprachkompetenz ganz ebenso wie in ihrer prozeduralen Sprachkompetenz.

Jemand kann reflexive Kompetenz in etwas haben, ohne gleichzeitig prozedurale Kompetenz zu besitzen. Im sprachlichen Bereich ist dies der typische Fall des professionellen Linguisten, der alles mögliche über eine bestimmte Sprache wissen mag, ohne jedoch im mindesten in der Lage zu sein, die Sprache auch zu sprechen. Diese Art von Wissen meint man allerdings gemeinhin nicht, wenn man von Sprachkompetenz spricht. Kern und Grundlage der Kompetenz in einer Sprache ist statt dessen eine Fertigkeit, also prozedurale Sprachkompetenz.

Die Beziehung zwischen Sprachfähigkeit und Sprachkenntnis ist in beiden Richtungen dynamisch, wie man am Spracherwerb verfolgen kann. Im Mutterspracherwerb erwirbt das Kind zunächst prozedurale Kompetenz in seiner Sprache. In Abhängigkeit von seinen intellektuellen Fähigkeiten kann seine Sprachtätigkeit in verschiedenem Maße durch Sprachkenntnis überwacht sein, die es in den Stand setzt, sowohl seine Sprachtätigkeit »on-line« zu kontrollieren als auch »off-line« darauf zu reflektieren. In letzterem Falle wird reflexive Sprachtätigkeit auch metasprachlich genannt. Fortgeschrittene Ebenen von Sprachkenntnis werden im allgemeinen bei der schulischen und akademischen Bildung erreicht. In einer solchen Entwicklung ist prozedurale Kompetenz primär und wird sekundär durch reflexive Kompetenz überwölbt. Die Sprachkompetenz von Menschen, die zu formaler Bildung keinen Zugang hatten, ist nicht selten auf prozedurale Kompetenz beschränkt. Es ist wichtig festzuhalten, daß dies nicht nur einen Mangel an metasprachlicher Reflexion impliziert; es impliziert auch engere Beschränkungen über die Operationen der Selektion und Kombination, die jeder Sprachtätigkeit zugrunde liegen.

Im gesteuerten Zweitspracherwerb (Lernen durch Unterricht) ist es häufig – wenn auch nicht notwendigerweise – andersherum: Der Lerner erwirbt zunächst Elemente des Sprachsystems auf der Ebene reflexiver Kompetenz. Das setzt ihn freilich noch nicht in den Stand, in der Sprache auch zu kommunizieren. Um das zu erreichen, muß er sein Wissen automatisieren oder prozeduralisieren, und zwar im wesentlichen durch Übung. Hier kommt Flüssigkeit ins Spiel, die wir in einem eigenen Abschnitt (Flüssigkeit, Seite 94) behandeln. Die Sprachkompetenz von Menschen, die zu wenig Gelegenheit hatten, die Sprache, in der sie unterrichtet wurden, zu praktizieren, ist oft auf reflexive Kompetenz beschränkt.

Das Fazit dieser Überlegungen ist:

▸ Ein ganzheitlicher Begriff von Sprachkompetenz darf sich weder auf Sprachkenntnis noch auf Sprachfähigkeit reduzieren, sondern muß beide umfassen.

▸ Bei jeglicher Analyse der Sprachkompetenz eines Individuums müssen die beiden Aspekte systematisch auseinandergehalten werden.

Diese Doppelnatur der Sprachkompetenz ist übrigens verantwortlich für den größten Teil des terminologischen Wirrwarrs, den wir oben konstatiert haben. Keiner der existenten Termini wie ›Fähigkeit‹, ›Kompetenz‹, ›Wissen‹, ›Kenntnis‹, ›Fertigkeit‹ eignet sich von sich aus als Oberbegriff, um beide Aspekte abzudecken. Wir legen daher fest, daß der Begriff ›Sprachkompetenz‹ prozedurale und reflexive Kompetenz umfaßt.

Ebenen der Allgemeinheit der Sprachkompetenz

Es sind zwei Ebenen der Allgemeinheit zu unterscheiden, die in Tabelle 2 verglichen werden.

Es ist hervorzuheben, daß sich die beiden Allgemeinheitsebenen zwar in allen Menschen unterscheiden lassen, beide Arten der Kompetenz jedoch relativ zum Individuum sind. Mit anderen Worten: Es gibt zwar zweifellos eine menschliche Fähigkeit zur Sprache, aber Individuen unterscheiden sich in ihr geradeso, wie sie sich in anderen genetischen Eigenschaften unterscheiden. Da allerdings jegliche Sprachtätigkeit notwendigerweise in einer bestimmten Sprache stattfindet, läßt sich kein einzelner Zug der Performanz einer der beiden Ebenen zuweisen. Die beiden Ebenen klassifizieren also nicht Züge von sprachlicher Tätigkeit oder Verhalten, sondern sie unterscheiden sich bloß in der Allgemeinheit. Die universale semiotische Kompetenz gibt die Grundlage für jegliche einzelsprachliche Kompetenz ab.

Tabelle 2   Allgemeinheitsebenen in der Sprachkompetenz

Ebene	universal semiotisch	sprachspezifisch
definiert als	Fähigkeit, durch ein semiotisches System zu denken und zu kommunizieren	Beherrschung einer bestimmten Sprache einschließlich ihres Systems
wie besessen	hauptsächlich angeboren, teilweise erworben	erworben
unterscheidet	Mensch von Tier	Sprecher verschiedener Sprachen

Vom methodischen Standpunkt betrachtet, bezieht sich die oberste Frage bei der Einschätzung der Sprachkompetenz einer Person auf Qualität und Umfang ihrer semiotischen Kompetenz in funktioneller Hinsicht. Hier fragen wir nach den kognitiven und kommunikativen Problemen, die die Person, gleich mit welchen Mitteln, lösen kann. Auf einer niedrigeren Ebene der funktionellen Hierarchie ist die Frage, wie gut die Person ein gegebenes Mittel beherrscht, das heißt, die Frage bezieht sich auf Qualität und Umfang ihrer Kompetenz in einer bestimmten Sprache, gleichgültig ob das ihre einzige, ihre Muttersprache, zweite oder dritte Sprache ist. Wir kommen am Ende des nächsten Unterabschnitts auf dieses methodische Problem zurück.

Universale semiotische Kompetenz

Sprachtätigkeit läßt sich charakterisieren als Erzeugung von Sinn durch wahrnehmbare Zeichen. Deshalb hat universale semiotische Kompetenz eine physiologische und eine mentale Seite. Die *physiologische Seite* umfaßt Gaben, Fertigkeiten und Gewohnheiten, denen die Eigenschaften der Klarheit und Flüssigkeit gemeinsam sind (siehe Abschnitt ›Flüssigkeit‹, Seite 94). Soweit die physiologische Ausstattung von den Modi (vgl. Abschnitt ›Modi der sprachlichen Kommunikation‹, Seite 93) unabhängig ist, betrifft sie die neurale Organisation der Sprachzentren im Hirn, insbesondere das Gedächtnis mit seinen diversen Abteilungen (Arbeits-, Kurz- und Langzeitgedächtnis). Weiter läßt sie sich anhand der Modi untergliedern:

- Erzeugung:
  - Sprechen mit sorgfältiger Aussprache, ohne Sprechfehler wie Stottern, Lispeln, Stammeln, in einer Geschwindigkeit innerhalb der Toleranzgrenzen, usw.
  - Ordentlich und leserlich schreiben.
- Verstehen:
  - Hörverstehen mit hoher auditiver Differenzierung durch aufmerksames Zuhören und Einsatz von Perzeptionsstrategien usw.
  - Gutes Leseverständnis.

Die *mentale Seite* der universalen semiotischen Kompetenz kann man (mit Coseriu, 1988:Kap.4.3.2) elokutive Kompetenz nennen. Die dieser zugrundeliegenden mentalen Fähigkeiten sind kognitiver und sozialer Natur.

- *Kognitive Kompetenz* umfaßt Aspekte wie die folgenden:
  - vernünftiges Denken: Lernen aus Erfahrung, Anpassung an die Umgebung, Kontrolle verschiedener kognitiver Domänen, Inferenzen unter

Rückgriff auf Weltwissen (vgl. Coseriu, 1988:Kap.4.3.2); sprachreflexive (»metasprachliche«) Kompetenz, Sprachbewußtsein;

▸ Kohärenz und Kohäsion des Denkens und der dieses manifestierenden Rede;

▸ Kreativität, Musikalität.

▸ *Soziale Kompetenz* umfaßt Fähigkeiten wie die folgenden:

▸ Empathie, Kontaktaufnahme, erfolgreiche soziale Interaktion;

▸ Kontrolle verschiedener kommunikativer Domänen, rhetorische Kompetenz: Angemessenheit zum (sprachlichen) Kontext und zur (außersprachlichen) Situation;

▸ Beherrschung der Konversationsmaximen.

Alle diese Fähigkeiten liegen jeder einzelsprachlichen Kompetenz eines Individuums zugrunde[6] und sind in diese integriert. Wir betrachten nun die Beziehung zwischen der universalen und der sprachspezifischen Ebene unter theoretischem und methodischem Gesichtspunkt:

In theoretischer Hinsicht ist die Unterscheidung in erster Linie eine rationale oder notionelle. Auf der universalen Ebene werden all die oben genannten Fähigkeiten völlig unabhängig von der jeweiligen Sprache betrachtet, die das Individuum zur Erreichung seiner Ziele verwendet. Die Frage ist hier ausschließlich, inwieweit das Individuum diese überhaupt erreicht. Auf der sprachspezifischen Ebene treten dieselben Fähigkeiten nochmals auf, jetzt von sprach- und kulturspezifischen Konventionen überformt. Wenigstens einige von ihnen, zum Beispiel Musikalität und Empathie, haben klärlich eine außersprachliche Grundlage. Weitere begriffliche Analyse mag ergeben, daß diese keine integralen Bestandteile der universalen semiotischen Kompetenz, sondern eher Vorbedingungen für sie sind.

Insoweit diese Fähigkeiten sprachlicher Natur sind, können sie nur anhand einer bestimmten Sprache untersucht werden. Bei einer einsprachigen Person ist die gesamte universale Sprachkompetenz von einer einzigen sprachspezifischen Kompetenz absorbiert. Bei einer mehrsprachigen Person sind die beiden Allgemeinheitsebenen leichter auseinanderzuhalten: Einerseits korreliert die Leistung der Person in L1 mit ihrer Leistung in L2, denn keine von beiden kann besser sein, als die allgemeine Sprachfähigkeit der Person (und deren außersprachliche Grundlagen) zulassen. In diesem Sinne umfaßt die universale

---

6 Man kann plausiblerweise annehmen, daß sie im wesentlichen das ausmachen, was man Sprachbegabung nennt.

Sprachkompetenz einer Person das, was den Kompetenzen in der von ihr beherrschten Einzelsprachen gemeinsam ist. Auf der anderen Seite verfolgt eine mehrsprachige Person typischerweise verschiedene Ziele in verschiedenen Sprachen. In diesem Sinne umfaßt ihre universale Sprachkompetenz die Vereinigungsmenge der kognitiven und kommunikativen Ziele, die sie in ihren Sprachen zu erreichen vermag.

Sprachspezifische Kompetenz

Sprachspezifische Kompetenz hat zwei Aspekte:

a) *Kompetenz im Sprachsystem* umfaßt die folgenden Bestandteile:

‣ Phonetik, Phonologie: Orthophonie und Orthographie;

‣ Grammatik: Morphologie, Syntax;

‣ Lexikon: Vokabular, lexikalische Relationen, Wortbildung/Neologie;

‣ Diskurs: sprachspezifische Normen der Textstruktur.

b) *Variationskompetenz* betrifft die verschiedenen Dimensionen sprachlicher Variation. Sie involviert die Beherrschung der Norm bei gleichzeitiger Flexibilität in den Varietäten:

‣ soziolektal,

‣ dialektal,

‣ diaphasisch: mündliche und schriftliche Sprache, Stile und Register (Angemessenheit, Euphonie ...),

‣ diachronisch: modische versus übliche versus obsolete Eigenschaften der Sprache.

Der hier angenommene Begriff des Sprachsystems ist im Vergleich mit dem entsprechenden Begriff der strukturalen Sprachwissenschaft relativ weit, weil er die Diskursebene einschließt. Ferner werden, anders als in anderen Konzeptionen, Semantik und Pragmatik nicht als separate Komponenten dieser Hierarchie behandelt. Vielmehr bilden sie die semantische beziehungsweise pragmatische Seite der in a) [und b)] aufgeführten Komponenten. Weitere Unterteilung dieser Komponenten läßt sich ebensowohl auf strukturelle wie auf semantische und pragmatische Kriterien gründen. Tut man letzteres, gelangt man zu einer Einteilung der Welt, die ein Sprecher mit Hilfe von Sprache schafft und mit der er interagiert, in *funktionale Domänen* beziehungsweise Domänen des Sprachgebrauchs. Hier kommt unter anderem die Gesamtheit der in einer Gemeinschaft konventionellen Sprechakte ins Spiel. Eines der Kriterien, nach denen Art und Umfang von jemandes Kompetenz in einer Sprache bemessen wird, besteht folglich gerade in den funktionalen Domänen, die er in dieser

Sprache beherrscht. Dieser Maßstab erzeugt Unterschiede zwischen den Mitgliedern einer Sprachgemeinschaft, aber auch zwischen den von einem mehrsprachigen Individuum beherrschten Sprachen.

Modi der sprachlichen Kommunikation

Die Modi sprachlicher Kommunikation (gelegentlich Sprachfertigkeiten genannt) werden definiert durch die Kommunikationskanäle und die Richtungen – aktiv/produktiv, passiv/rezeptiv oder beide –, in denen der Sprechaktteilnehmer sie benutzt. Sie sind in Tabelle 3 zusammengefaßt. Vermittlung kommt natürlich erst zum Zuge, wenn mehr als eine Sprache im Spiel ist.

Die Unterscheidung gemäß den vier oder sechs Modi liegt vielen Klassifikationen der Beherrschung einer Fremdsprache zugrunde (z. B. ACTFL, 1983). Zwar ist sie in gleicher Weise auf die Beherrschung der Muttersprache anwendbar. Aber es gibt theoretische und methodologische Gründe, dieser Klassifikation keinen allzu hohen Stellenwert beizumessen. In theoretischer Hinsicht nehmen die Modi sprachlicher Kommunikation – ob sie nun auf dem Kriterium der Richtung oder dem des Kanals basieren – eine ziemlich niedrige Position auf der mit Sprachkompetenz assoziierten Begriffshierarchie ein:

▸ Es sind Aspekte lediglich der prozeduralen, nicht der reflexiven Kompetenz.

▸ Sie betreffen nicht die kognitive, sondern lediglich die kommunikative Seite der Sprachkompetenz.

▸ Und selbst für diese sind sie relativ peripher, insofern sie mehr auf dem technischen Aspekt von Kanal und Richtung als auf dem sozialen Wesen der Kommunikation basieren.

In methodologischer Hinsicht haben Tests der rezeptiven Kompetenz von Probanden mit Validitätsproblemen zu kämpfen. Denn während Erzeugung sowie der Erzeugungsaspekt der Vermittlung direkt beobacht- und meßbar sind, sind Verstehen und der Verstehensaspekt der Vermittlung dies nicht. Diesbezügliche Tests erfordern daher eine Reaktion des Probanden auf das Verstande-

Tabelle 3   Modi sprachlicher Kommunikation

Richtung	Kanal	
	mündlich	schriftlich
Erzeugung	Sprechen	Schreiben
Verstehen	Hören	Lesen
Vermittlung	Dolmetschen	Übersetzen

ne. Die jedoch involviert den Erzeugungsmodus. Daher ist es schwierig bis unmöglich, den rezeptiven Aspekt herauszupräparieren.

Während es also sicherlich für gewisse praktische Zwecke nützlich sein kann, die Leistung einer Person in einem bestimmten Modus von Tabelle 3 festzustellen, dürfte die Unterscheidung zur Beurteilung der Gesamtkompetenz einer Person in einer Sprache nachrangig sein. Für viele Zwecke kann man es einem Probanden anheimstellen, in welchem Modus er seine Kompetenz in einer Sprache unter Beweis stellen will.

Flüssigkeit

Eine Tätigkeit wird desto flüssiger ausgeführt, je höher der Durchsatz ausgeführter Einzeloperationen und je gleichmäßiger der Rhythmus ihrer Ausführung. Flüssigkeit kann also gemessen werden als Menge relevanter Einheiten pro Zeiteinheit und als Gleichmäßigkeit dieser Rate über eine längere Strecke oder als (niedrige) Zahl von Verzögerungen. Flüssigkeit als solche impliziert nicht Korrektheit. Da jedermann höhere Flüssigkeit in einer Tätigkeit erzielen kann dadurch, daß er die Ansprüche an die Korrektheit senkt, werden Flüssigkeitswerte erst vergleichbar, wenn deren Maß an einem festgesetzten Korrektheitswert geeicht ist.

Flüssigkeit spricht für Leichtigkeit der Performanz, also Fehlen von Anstrengung. Dies wiederum setzt einen hohen Grad an Automatisierung voraus. Flüssigkeit zu messen, heißt daher, einen Aspekt der prozeduralen Kompetenz zu messen. Dies ist die systematische Position der Flüssigkeit in einer umfassenden Klassifikation der Aspekte von Kompetenz. Darauf aufmerksam zu machen lohnt sich, denn es existieren Modelle für Sprachstandstests (z. B. Oller, 1973:187), die ›rate and general fluency‹ als Meßgröße auf derselben Ebene wie die Komponenten des Sprachsystems (wie in Abschnitt ›Sprachspezifische Kompetenz‹, Seite 92) ansetzen.

Andererseits läßt sich Flüssigkeit nicht der universalen semiotischen Kompetenz oder der sprachspezifischen Kompetenz allein zuordnen, sondern ist ein Aspekt von beiden. Mit anderen Worten: Die Flüssigkeit, mit der jemand eine Sprache beherrscht, variiert im allgemeinen für die beherrschten Sprachen – und deshalb ist Flüssigkeit ein Aspekt sprachspezifischer Kompetenz. Und andererseits wird diese Flüssigkeit bestimmt und begrenzt von seiner universalen semiotischen Fähigkeit, denn Menschen unterscheiden sich in der Flüssigkeit, mit welcher sie Operationen der Kognition und Kommunikation im allgemeinen ausführen.

Zusammenfassung

Wir haben Sprachkompetenz entlang den folgenden Dimensionen aufgegliedert:

I. Kognitive Ebenen

   1) Sprachfähigkeit

      a) Kommunikationsmodi

      b) Flüssigkeit

   2) Sprachkenntnis

II. Ebenen der Allgemeinheit und Komponenten

   1) Universale semiotische Kompetenz

      a) Physiologische Fähigkeit

      b) Elokutive Kompetenz

         i) Kognitive Kompetenz

         ii) Soziale Kompetenz

   2) Sprachspezifische Kompetenz

      a) Sprachsystemkompetenz

      b) Variationskompetenz

Die beiden Gliederungen I und II kreuzklassifizieren im wesentlichen miteinander. Mit anderen Worten: Alle Ebenen und alle Bereiche der Sprachkompetenz, die in Gliederung II unterschieden werden, involvieren sowohl prozedurale als auch reflexive Kompetenz (I.1 und I.2).

Diese Klassifikation ist im wesentlichen das Ergebnis von Deduktion. Daneben steht die empirische Frage, was in einer Sprachgemeinschaft oder überhaupt von Menschen als ein kompetenter Sprecher angesehen wird. Es ist zu erwarten, daß verschiedene Teilmengen der aufgeführten Fähigkeiten und Fertigkeiten in verschiedenen Sprachgemeinschaften verschieden gewichtet werden. Diese Frage zu untersuchen wäre ein lohnendes, wenngleich ambitiöses Projekt. In unserem Projekt beginnen wir in einem engeren Rahmen. Wir gehen einerseits deduktiv vor, indem wir auf theoretischer Grundlage den Begriff der sprachlichen Kompetenz in der Weise auffächern, wie wir es im Abschnitt ›Dimensionen der sprachlichen Kompetenz‹ (Seite 87) dargestellt haben, und ihn in Form einer Testbatterie operationalisieren, der wir eine größere Menge von Probanden unterziehen. Und wir gehen andererseits induktiv vor, indem wir die Ergebnisse dieser Tests auswerten und feststellen, wie die getesteten einzelnen Kenntnisse, Fähigkeiten und Fertigkeiten miteinander korrelieren und wie sie gegebenenfalls zusammenhängen mit anderen kognitiven und sozialen Fähigkeiten der Probanden. Das Ziel ist es, einen empirischen Begriff von

Sprachkompetenz zu bilden, der einerseits sprachtheoretisch begründet ist und den Zusammenhang der Sprachtheorie mit Theorien benachbarter Gegenstände sichert, und der andererseits operationalisierbar ist zu dem Zweck, die Kompetenz einer Person in einer Sprache zu beschreiben, um diese zum Beispiel in lebenspraktischen Fragen zu beraten.

Literatur

American Council for the Teaching of Foreign Languages (1983 ed.) *ACTFL proficiency guidelines*. Hastings-on-Hudson: ACTFL Materials Center.

Anderson, R. J. (1983) *The Architecture of Cognition*. Cambridge: Harvard University Press.

Bachman, L. F. (1990) *Fundamental Considerations in Language Testing*. Oxford: University Press.

Bialystok, E. & Bouchard-Ryan, E. (1985) Towards the definition of a metalinguistic skill. *Merrill-Palmer-Quarterly, 31,3*, 229-251.

Canale, M. & Swain, M. (1980) Theoretical bases for communicative approaches to second language teaching and testing. *Applied Linguistics, 1*, 1-47.

Carroll, J. B. (1961) Fundamental considerations in testing for English language proficiency of foreign students. In: Center for Applied Linguistics (ed.) *Testing the English Proficiency of Foreign Students*. Washington: Center for Applied Linguistics. 30-40.

Carroll, J. B. (1983) Psychometric theory and language testing. In: Oller, J. W. jr. (ed.) *Issues in Language Testing Research*. Rowley: Newbury House. 80-107.

Carroll, J. B. & Sapon, S. (1959) *The Modern Languages Aptitude Test*. San Antonio: Psychological Corporation.

Chomsky, N. (1986) *Knowledge of Language. Its Nature, Origin, and Use*. New York: Praeger (Convergence).

Coseriu, E. (1988) *Sprachkompetenz. Grundzüge der Theorie des Sprechens*. Tübingen: Francke. (UTB, 1481).

Council of Europe (2001) *Common European Framework of Reference for Languages: Learning, Teaching, Assessment*. Cambridge: University Press.

Cummins, J. (1984) Wanted: A theoretical framework for relating language proficiency to academic achievement among bilingual students. In: Rivera, C. (ed.) *Language Proficiency and Academic Achievement*. Avon: Multilingual Matters. 34-43.

Dewaele, J.-M. & Furnham, A. (1999) Extraversion: The unloved variable in applied linguistic research. *Language Learning, 43 (3)*, 509-544.

Guilford, J. P. & Hoepfner, R. (1971) *The analysis of intelligence*. New York: McGraw-Hill. (McGraw-Hill Series in Psychology).

Harley, B., Allen, P., Cummins, J. & Swain, M. (1990 eds.) *The Development of Second Language Proficiency*. Cambridge: University Press.

Hulstijn, J. (2007) The shaky ground underneath the CEFR: Quantitative and qualitative dimensions of language proficiency. Erscheint in: *Modern Language Journal, 91*

Hymes, D. (1972) On communicative competence. In: Pride, J. B. & Holmes, J. (eds.) *Sociolinguistics*. Harmondsworth: Penguin. 269-285.

Lehmann, Ch. (2007) Linguistic competence. Theory and empiry. *Folia Linguistica, 41/2*.

Miyake, A. & Friedman, D. (1998) Individual differences in second language proficiency. Working memory as language aptitude. In: Healey, A. F. & Bourne, L. E. (eds.) *Foreign Language Learning: Psycholinguistic Studies on Training and Retention*. Mawah: Erlbaum. 339-364.

Oller, J. W. (1973) Cloze tests of second language proficiency and what they measure. *Language Learning, 23*, 105-118.

Oller, J. W. jr. (1976) Evidence for a general language proficiency factor: An expectancy grammar. *Die Neueren Sprachen, 2*, 165-174.

Oller, J. W. jr., (1983 ed.) *Issues in Language Testing Research*. Rowley: Newbury House.

Sasaki, M. (1993) Relationships among second language proficiency, foreign language aptitude, and intelligence: A structural equation modelling approach. *Language Learning, 43 (3)*, 313-344.

Sparks, R. L. & Ganschow, L. (2001) Aptitude for learning a foreign language. *Annual Review of Applied Linguistics, 21*, 90-111.

Spearman, Ch. (1904) General intelligence – objectively determined and measured. *American Journal of Psychology, 15*, 201-293.

Spitzberg, B. H. (1988) Communication competence: Measures of perceived effectiveness. In: Tardy, C. (ed.), *A Handbook for the Study of Human Communication*. Norwood: Ablex. 67-105.

Sternberg, R. J. (1985) *Beyond IQ -A Triarchic Theory of Human Intelligence*. New York: Cambridge University Press.

Sternberg, R. J . (1988) Abilities are forms of developing expertise. *Educational Researcher, 27/3*, 11-20

Thurstone, L. L. (1938) *Primary Mental Abilities*. Chicago: University of Chicago Press.

Vollmer, H. J. (1982) *Spracherwerb und Sprachkompetenz. Untersuchungen zur Struktur von Fremdsprachenfähigkeit*. Tübingen: Narr.

Vollmer, H. J. & Sang, F. (1983). Competing hypotheses about second language ability: A plea for caution. In: Oller, J. W. jr., (ed.) *Issues in Language Testing Research*. Rowley: Newbury House. 29-79.

Abstract

Linguistic Competence

After briefly reviewing concepts of language competence and language proficiency current in the specialized literature, this contribution aims at characterizing a comprehensive concept of language competence capable of fulfilling the following requirements: a) it should comprise all the relevant facets of linguistic knowledge, ability and proficiency, b) it should be equally applicable to a person's native and foreign languages, c) it should be operationalizable so that a person's competence in a certain language could be measured and compared to other persons' competence in the same language or the same person's competence in other languages, d) it should be articulated on a theoretical basis so that the interdependence of linguistic competence with neighboring faculties and competencies such as intelligence, creativity, social ability etc. becomes empirically investigable.

Anschrift:
Prof. Karlfried Knapp
Angewandte Sprachwissenschaft
Universität Erfurt
Postfach 900221
99105 Erfurt

NEUROLINGUISTIK 2006, 20 (1-2) – 99-115   99

Sprache und Denken – die Hirnsicht

Ralf Erkwoh

Klinik für Psychiatrie, Psychotherapie und Psychosomatik
Helios Kliniken, Erfurt

Aus neurowissenschaftlicher Sicht kann das Gehirn als informationsverarbeitendes System aufgefaßt werden. Seine parallel operierende Arbeitsweise legt die Basis für eine Reihe empirischer hirnbildgebender Befunde darüber, wie Denkschritte in Sprachelemente überführt werden. Diesem methodischen Fortschritt kommt das psychologische Konzept der inneren Sprache entgegen. Mit dem vorgelegten Artikel wird eine Integration angestrebt der biologischen Prozesse, die dem Denken zugeordnet werden, mit dem sprachlichen Verhalten, das diesem Denken entspricht. Der Leitfaden der Integration ist Sinn.

Die Aufgabe, die sich dieser Aufsatz stellt, ist, zu zeigen, daß die Alternative »Gehirn versus Seelenorgan« nicht auf eine Tradition aus dem 19. Jahrhundert zurückblicken würde, nicht als Dichotomie »Natur- versus Geisteswissenschaft«[1] weiterleben und jetzt als »Determinismus versus Willenfreiheit« (Geyer, 2004) Schlagzeilen machen könnte, wenn sich dieses Verhältnis nicht auch und gerade im Arbeitstitel »Sprache und Denken« fokussieren ließe; und dieser Fokus interessiert hier, weil er sich in der Perspektive auf das Gehirn, die Hirnsicht eben, niederschlägt.

Mit der beabsichtigten Sicht auf das *Gehirn* bietet die neurowissenschaftliche Aufarbeitung der Kenntnisse über das Gehirn eine Definition als informationsverarbeitendes System an. Die dieser Definition angemessene Theorie wäre also eine Systemtheorie des Gehirns. Einer Theorie des *Denkens* fiele dann die Aufgabe zu, zu erklären, wie verarbeitete Informationen zu einem propositionalen Gehalt (einem Gedanken) modelliert und diese Modelle aus einer logischen Relation in eine zeitliche Abfolge von Aktivierungen überführt werden. Wie immer eine solche Theorie des Denkens ausfällt, sie kann noch in eine Systemtheorie des Gehirns, zum Beispiel als dynamisches Subsystem integriert

---

1   entsprechend der Unterscheidung zwischen nomothetischer und idiographischer
    Wissenschaft (Windelband, 1922)

werden. Das kann auf *Sprache* nicht zutreffen. Liefert nämlich zwar vernommene, das heißt gelesene oder gehörte, und verstandene Sprache einen wesentlichen Input zu dieser Informationsverarbeitung, so muß für gesprochene Sprache die Theorie erweitert werden; sie müßte Auskünfte geben nicht über die Verarbeitung, sondern über die Aufbereitung und Abstrahlung von Informationen.

Die Entwicklung einer Theorie des Zusammenhangs von Sprache und Denken würde sich aus dieser Perspektive als Metatheorie, als Theorie über andere Theorien, darstellen lassen. Eine explizite Thematisierung von Sprache für eine Theorie der Sprache hat den besonderen Reiz, sich auf sich selbst zu beziehen, das heißt, selbstreferentiell zu sein[2]. Beginnen wir also mit Befundberichten.

Befundbericht Nr. 1

Das Hören von Wörtern über Kopfhörer führt zu Aktivierungen von Hirnregionen innerhalb des auditorischen Systems des Gehirns, und zwar in den beidseitigen (beide Hemisphären betreffenden) Temporallappen, und hier in den posterioren Anteilen, die dem Wernicke-Areal zugerechnet werden (Petersen, Fox, Posner, Mintun & Raichle, 1988). Das einfache Hören von Vokalen oder Tönen löst diese Aktivierung nicht aus. Wohl wird sie beobachtet, wenn außer Wörtern auch Pseudowörter, also Wörter, die zwar aussprechbar sind aber nicht schon einen erkennbaren Sinn ergeben, über die Kopfhörer angeboten werden. Für die Theorie würde das bedeuten, daß sich im Wernicke-Areal neuronale Matrizen mit präformierten Wortformen befinden, die nur bei der Erfüllung der Voraussetzung, daß eben Wortformen im Angebot sein müssen, zur Aktivierung, also zum Ansprechen der Region führen, nicht jedoch bei Stimuli, die, wie Töne oder Vokale, keine Wortform einnehmen. In einem weiteren Untersuchungsansatz wurden über Bildschirm, den visuellen Zugangsweg, Wörter angeboten, über die entschieden werden sollte, ob sie sich reimen oder nicht[3].

---

2   Niklas Luhmann (1978) hat Selbstreferentialität nicht Metatheorien, sondern Supertheorien zugeschrieben. Das ist für unser Vorhaben insofern hilfreich, als Supertheorien »diejenigen Kriterien thematisieren, nach denen Gegenstände möglich beziehungsweise unmöglich sind«. Der besondere Reiz für dieses Thema liegt darin, »sie konzipieren ihren Gegenstand so, daß sie sich selbst als Teil ihres Gegenstandes erscheinen müssen«.

3   Für die englischsprachigen Forscher kamen Besonderheiten der Ausspracheregeln entgegen. Visuell sehen einige der zu vergleichenden Wörter nicht nach Reimen aus: *row* und *though*, aber im Klangbild reimen sie sich, andere sehen visuell sehr nach Reimpaaren aus: *pint* und *lint*, aber sie reimen sich nicht.

Theoretisch dürfte diese Entscheidung nur unter Zuhilfenahme phonologischer Codes zu lösen sein. Tatsächlich wurden unter Bedingung hirnbildgebender Verfahren[4] Aktivierungen ganz in der Nähe derjenigen Regionen beobachtet (Posner & Raichle, 1994), die bei der passiven auditorischen Wahrnehmung von Wörtern ansprangen. Der Beitrag für die Theorie besteht einmal in einer näheren Charakterisierung der im Wernicke-Areal vermuteten Wortformen als Klangbilder. Darüber hinaus ergibt sich jedoch auch die bemerkenswerte Schlußfolgerung, daß dem auditorischen informationsverarbeitenden System Impulse aus nicht-auditiven Quellen zugeleitet und akzeptiert werden.

Befundbericht Nr. 2

Für das einfache Nachsprechen visuell oder auditiv angebotener Wörter sieht das psycholinguistische Logogen-Modell von Morton (1970) eine äußere Route vor, über die visuelle respektive auditive Signalanalyse über Konversionsschritte[5] zur Phonemebene unter Umgehung der Semantik wie auch der orthographischen beziehungsweise phonologischen Eingangslexika. Unter hirnbildgebenden Bedingungen wird das Nachsprechen begleitet von Aktivitäten des primären motorischen Cortex beider Hemisphären, der supplementärmotorischen Area, einem mittleren Teil des Kleinhirns und der Inselcortex (Petersen et al., 1988). Überraschenderweise werden trotz der motorischen Outputs des Sprechens als Nachsprechen wie auch als Vorlesen zwar motorische Regionen des Stirnhirns aktiviert, aber nicht die Broca-Region. Auch das Wernicke-Areal reagierte verwirrend: Es wurde zwar beim Hören der vorgesagten Wörter aktiv (wie bei dem ersten zitierten Experiment), aber reagierte nicht beim Vorlesen der abgelesenen Wörter. Wenn es also für die Theorie naheliegend erschien, dem Wernicke-Areal Klangbilder zuzuordnen, benötigt das Vorlesen von (zumindest vertrauten) Wörtern keine phonologische Recodierung, wie das Logogen-Modell jedenfalls vorsieht.

---

4   Damit werden entweder PET (Positronen-Emission-Tomographie) oder MRT (Magnet-Resonanz-Tomographie) Methoden zusammengefaßt.

5   Gelesenes wird über eine Graphem-Phonem-Konversion und Gehörtes über eine akustisch-phonologische Konversion in ein Klangbild verwandelt. Für eine Theorie der Sprache wäre die Konversion visuellen Inputs in Klangbilder wegen des transmodalen Schritts, den auch das Reimen macht, ungleich komplexer als die Konversion akustischer Signale in phonologische Codes, die die Frage aufwirft, warum das überhaupt eine Konversion sein soll.

Psychologisches Modell

Für eine Metatheorie des Verhältnisses von Denken und Sprache, der die Kompetenz zukommt zur Beurteilung über die Möglichkeit und Unmöglichkeit ihrer Gegenstände, oder, wenn man es transzendental ausdrückt, die die Bedingungen der Möglichkeit ihrer Gegenstände beurteilen soll, bietet sich hier an, nach den Pfeilen [»→«] zu fragen, die im Logogen-Modell von Morton oder dem aufgrund der Berücksichtigung der hirnbildgebenden Experimente erstellten, moderneren Wernicke-Geschwind-Modell (Kolb & Whishaw, 2003) von Kästchen [»→«] zu Kästchen gezogen werden (und natürlich nach der Bedeutung der Kästchenzeichnung selbst). Formulierungen wie »□→□→□« haben die Struktur von Sätzen, wenn auch nur quasi-propositional. Gelesen ergäbe sich etwa: »Dem Modell zufolge wird die Schallwelleninformation eines gesprochenen Wortes vom primären auditiven Cortex zum planum temporale projiziert, wo die Worterkennung stattfindet. Von dort aus werden die Informationen über den Fasciculus arcuatus zum Broca-Areal transferiert, wo motorische Programme zur Artikulation von Wörtern repräsentiert sind« (Pritzel, Brand & Markowitsch, 2003). »Projizieren«, »transferieren«, »zu- und weiterleiten« erscheinen auf der Ebene der Fachdisziplin als Paraphrasen von »→«, wo über eine Systemtheorie eine Informationsverarbeitungsrichtung in Frage kommt. Eine der derzeit gängigen Paraphrasen von »→« ist »festlegen« oder »bestimmen«. Aus der Perspektive einer Metatheorie der Sprache zeigt sich die populär verbreitete Auffassung des Gehirns als deterministisches System als Paraphrase eines Zeichensystems.

Befundbericht Nr. 3

Der interessanteste Test dieser Auffassung dürfte die Erprobung an Aufgaben sein, die darin bestehen, statt ein Wort zu wiederholen es vielmehr zu finden. Sogenannte Wortgenerierungsaufgaben befassen sich damit, ein Substantiv oder ein Verb zu einem zuvor präsentierten Verb oder Substantiv zu finden (Cabeza & Nyberg, 2000). Mit Hilfe parallel durchgeführter Untersuchungsreihen von Hirnbildgebung und EEG konnte gezeigt werden, daß die zeitlich führende Aktivierung im linken frontalen Cortex einschließlich des linken anterioren Gyrus cinguli und der Broca-Region stattfand (Snyder & Raichle, 1993), danach erst die linke hintere temporale Cortexregion und Teile des rechten Kleinhirns. Das ist deswegen interessant, weil hier offenbar zunächst Aufmerksamkeitsfunktionen und Auswahl- und Suchstrategien (die von Neuropsychologen dem dorsolateralen präfrontalen Cortex und dem vorderen Gyrus cinguli zugeschrieben werden) initiiert werden, die dann erst an das Wernicke-Areal weitergegeben werden. Verfeinert wurde diese Aufgabenstellung dadurch, daß in einer weiteren Experimentalreihe eine Serie von Substantiven gezeigt wurde, die die Probanden in ungeübtem Zustand zur Bildung passender Verben benutzen sollten. Die hierbei gewonnenen Aktivitätszustände des Gehirns entsprachen denen aus den Verbgenerierungsaufgaben. Eine zweite Untersuchung an denselben Probanden umfaßte dieselbe Substantivserie, mit der die Probanden vor der Hirnbildgebung 15 Minuten intensiv üben konnten. Deren Hirnbilder zeigten keine der Regionen mehr, die dem ungeübten Zustand der Probanden entsprach, vielmehr wurde hauptsächlich die Inselregion beidseits aktiviert. Schließlich wurde in einer dritten Untersuchung wieder an denselben Probanden eine völlig neue Substantivserie mit Verbgenerierungsaufgabe präsentiert mit dem Ergebnis, daß die Aktivitätsmuster aus dem ersten Experiment wieder auftraten (Raichle, Fiez, Videen, McLeod, Pardo, Fox & Petersen, 1994).

Kategorienwechsel

An diesem Punkt der Befundberichte angekommen bietet es sich an, auf eine typische Stelle maximaler Verführung hinzuweisen aus der deterministischen Konzeption, bestehend aus den physiologischen und biochemischen Mechanismen der Hirnvorgänge, auszuscheren und in das Parallelunternehmen, das psychologische Postulat der subjektiven Erlebensdimension einzusteigen. Die Verführung zu diesem Kategorienwechsel liegt auf der Hand: Dem Suchen und Finden eines Wortes (oder eines Verbs) entspricht ein Erleben; das »kriegt man mit«, wenn einem ein passendes Wort fehlt, und man erlebt das »Aha«, wenn es einem einfällt. Im Gegensatz dazu braucht es für das einfache Nachsprechen eines gehörten oder gelesenen Wortes kein subjektives Erleben, das könnte auch ein Zombie leisten. Der Kategorienwechsel könnte auch noch befestigt werden, indem aus der Perspektive der Metatheorie auf diese Sätze in der Weise hingewiesen wird, daß mit Betreten der Erlebensdimension auch Partikel wie »man ...« (kriegt mit) und »einem ...« (fehlt das Wort) hineingeraten, daß also damit unter der Hand auch schon subjektive Positionen mit einbezogen werden. Dabei liegt es nicht vordergründig an dem Arrangement der Reihenfolge der Befundberichte, daß ein automatischer Vorgang (Nachsprechen ohne Erlebnisse) gegen einen nicht-automatischen Vorgang (erlebtes Wortsuchen) gestellt ist. Genauer: Es liegt nicht am Kategorienwechsel. Vielmehr sind die Experimente auf der ersteren, der neurobiologischen Seite bereits so angelegt, daß die Probanden zu automatisierten und nicht-automatisierten Aufgaben aufgefordert werden. Die Differenz, Erleben und Nicht-Erleben, Subjektivität und Nicht-Subjektivität liegt schon vor dem experimentellen Setting. Bewiesen wird das durch den Befundbericht 1, indem hier außer der Stimulation durch

Wörter auch Pseudowörter zum Einsatz kamen, also Wörter, bei denen erlebt werden kann, daß sie Wörter sein können, wodurch dann die Deutung der Befunde möglich wird, daß sich im Wernicke-Areal neuronale Matrizen mit präformierten Wortformen befinden. Ebenso schließt der Test auf Reimbarkeit der visuellen Wortangebote Subjektivität ein, durch die die Aufforderung zum Reimen die Zuhilfenahme phonologischer Codes auslöste. Schließlich rekrutiert die Wortfindungsaufgabe im Befundbericht 3 den subjektiven Auftrag, das Suchen in Gang zu setzen, dem dann die präfrontale dorsolaterale Stirnhirnaktivität zugeordnet wird. Wenn also der Seitenwechsel *nur zum Schein* stattfindet, dann ist auch die Unterscheidung zwischen hirnmechanistischem Determinismus und psychologischer Erlebensdimension nur Schein.

Innere Sprache

Aus der Zeit, in der die technische Entwicklung der Hirnbildgebung noch an sehr groben und nicht immer sehr sicheren Methoden arbeitete, datiert die Hypothese: »wir« verfügen über Sprache, weil das Gehirn über Sprache verfüge. Es handelt sich quasi um die Verführung zum Kategorienwechsel in der umgekehrten Richtung wie im letzten Kapitel. Bei Piaget (1975) ist die Sprache des Kindes monologisch, sein Egozentrismus läßt noch keine kommunikative Sprache aufkommen. Wygotski sieht in der egozentrischen Sprache des Kindes nach Piaget eine Vorstufe zur inneren Sprache, die sich jedoch aus seiner Sicht auf die Prädikationen[6] beschränkt. An der Nahtstelle zwischen Gedanken und Wort, an gerade jener Berührungslinie, an der die innere Sprache einspringen könnte, setzt Wygotski auf eine »funktionelle Entwicklung. Der Denkprozeß drückt sich nicht im Wort aus, sondern erfolgt im Wort« (Wygotski, 1986: 301). Fodor (1975) setzte das Programm der »language of thought« um, wonach dem Gehirn die Fähigkeit zugeschrieben wird, rein syntaktisch definierte Operationen mit inneren Symbolketten auszuführen. Die Regeln, nach denen diese Syntax konzipiert wäre, würden sich von denen der formalen Aussagenlogik nicht unterscheiden. Die dazu korrespondierende Semantik entfiele auf die angemessene psychologische Theorie, die den Gehalt (»content«) propositionaler Prädikate beisteuern würde. An dieser Auffassung sind einige Gesichtspunkte hervorzuheben: Die Unterscheidung von Semantik und Syntax ist formal. Syntaktisches Operieren ist demgemäß die Befolgung einer Regel, nach der von Aussageformen, die aus Variablen und logischen Partikeln (zum Beispiel Quantoren)

---

6   »Das Prädikative ist die einzige Grundform der inneren Sprache« (Wygotski, 1986: 338).

bestehen, auf andere solche Aussageformen geschlossen werden kann. Höherstufige Leistungen komplexer Satzgefüge lassen sich dadurch darstellen.

Zugleich hatte Fodor mit Syntax auch eine Kausalität[7] im Auge, die etwa so zu verstehen ist: Wenn aus einem syntaktischen Gebilde ein neues syntaktisches Gebilde abgeleitet wird, wird eine neue Konfiguration erzeugt. Dieser Ansatz könnte dadurch Interesse gewinnen, weil mit dem gegenwärtigen Stand der Hirnforschung die Problematik in anderem Gewand wieder auftritt, wie nämlich aus einer zerebralen Konfiguration, etwa der mentalen Repräsentation zweier Prämissen, eine neue zerebrale Konfiguration entsteht, etwa die mentale Repräsentation einer Schlußfolgerung. Das wäre dann eine Bedeutung, die nicht mehr eine Paraphrase für das Symbol (»→«) hergibt, sondern die Bedeutung »folgt«. Bei der Wortfindungsaufgabe des vorigen Kapitels stand die dem anterioren Gyrus cinguli zugeordnete Suchstrategie nach dem passenden Wort in einem zeitlichen Vorordnungsverhältnis zur Aktivierung des Wernicke-Areals als dem Repertoire der Wortklangbilder. Sollte das Suchen syntaktisch dem Gesuchten vorangehen, wäre das Gefundene phänomenal die kausale Folge des Suchens, aber diese Syntax wäre *nur zum Schein* die der Logik: »Vielmehr erfährt das Suchen seine Direktion (Regel) vom Gesuchten« (Eley, 1969). Eine Schlußfolgerung wäre phänomenal die kausale Folge von Prämissen, aber die Prämissen erfahren ihre Direktion von der Konklusion.

Karten und Modelle im Gehirn

Sollte das Gelingen einer syntaktisch korrekten Satzfolge in der Sprache Ausdruck der Anwendung einer Regel der formalen Logik sein, und sollte das Denken dieser Regel der formalen Logik auf einem syntaktischen Aufbau der Nervenstruktur des Gehirns beruhen, liefe das für eine Theorie des Denkens und seiner Relation zur Sprache auf eine *petitio principii* hinaus. Die Annahme einer syntaktischen Struktur des Nervengewebes läßt sich aber empirisch nicht halten. Die Neuronen des Neuronengeflechts haben biologische Konstanten (additiv sich aufbauende Membranpotentiale, Entladungsschwellen nach dem Alles-oder-nichts-Gesetz), aber keinerlei inskribierte Regel. Unter Berücksichtigung dieser Konstanten kann man aber mikroelektronische Modelle von Neuronen konstruieren, durch die beispielsweise die logische Funktion des ausschließenden Oders oder auch die Implikationsregel nachgestellt werden

---

7   Fodor ging ontologische Zugeständnisse ein, um »Wenn-dann«-Beziehungen zu erklären, etwa die Existenz von Annahmen und Wünschen, die dann kausal effektiv wirksam werden (Fodor, 1987).

(Jones & Hoskins, 1987). Der entscheidende gedankliche Analogie-Schritt lag nun in zwei Annahmen: 1) Wenn es gelingt, technisch konstruierte neuronale Netzwerke durch definierte Input-Impulse so zu behandeln, daß sie einen Output entsprechend einer gewünschten Regel (ausschließendes Oder, Implikation) erzeugen, darf angenommen werden, daß das Gehirn in vergleichbarer Weise verfährt. 2) Wenn diese Modelle technisch simulierter Neuronen diese Leistungen entsprechend den von menschlichen Gehirnen erzeugten Leistungen hervorbringen, darf angenommen werden, daß sich die Gehirntätigkeit ebensolcher Modelle selber bedient.

Die erste Annahme wurde realisiert durch Trainingsprozeduren an neuronalen Netzwerken[8] mit Inputangeboten steigender Komplexität. Diese Netzwerke erstellten selbstorganisierende Eigenschaftskarten, die Regelmäßigkeiten in Inputmustern entdecken und nach Ähnlichkeiten, Häufigkeit und Wichtigkeit abbilden konnten. Dieses Verhalten könnte zum Verständnis des Erlernens der Sprache beitragen. Das Neugeborene steht unter dem nicht vermeidbaren permanenten Lautinput, der über die nach skalierten Frequenzen arbeitenden Cochlea in eine tonotopische Karte (Colliculus inferior) gelenkt wird und von hier über weitere Schaltstellen (Corpus geniculatum mediale) auf den primären auditiven Cortex weitergeleitet zur Binnendifferenzierung einer Lautkarte führt, wo die Laute zu Phonemen codiert werden. Bereits mit einem halben Jahr reagieren Säuglinge auf Laute ihrer Muttersprache anders als auf Laute, die in der Muttersprache nicht vorkommen (Dehaene-Lambertz & Dehaene, 1994). Wird ein Kohonen-Netzwerk (Snyder & Raichle, 1993) mit konkreten biologischen Eigenschaften wie Körpergröße, Anzahl der Beine, Hautkleidbeschaffenheit und Fortbewegungsart beschickt, ordnet es nach 2000 Lernschritten konkrete Tiere nach Ähnlichkeiten ebendieser Kriterien in separaten Karten an. Ähnlich wird das Entstehen der kategorienspezifischen Kartographie im menschlichen Temporallappen, etwa den Klangbildern im Wernicke-Areal verstanden. Bezeichnungen für Tiere und für Werkzeuge werden im Temporalkortex separat abgespeichert (Martin, Wiggs, Ungerleider & Haxby, 1996), Klassifikationen von Verben, Eigennamen, Tiernamen und Zahlen erfahren unterschiedlich lokalisierte, elektrophysiologisch faßbare Aktivitätsschwerpunkte (Dehaene, 1995).

Die zweite Annahme, daß das Gehirn mit Modellen arbeitet, ist geeignet, die oben erwähnte *petitio principii* zu vermeiden. Die Annahme einer apriorischen

---

8   Hopfield-Netzwerke enthalten Neuronen, von denen jedes mit jedem verbunden ist (Hopfield, 1982), Elman-Netzwerke enthalten zusätzlich eine Kontextschicht, mit der zeitliche Abfolgen repräsentiert werden können (Elman, 1991).

syntaktischen Struktur des Nervengewebes läßt sich deswegen empirisch nicht halten, weil das menschliche Gehirn Regeln nicht implementiert, sondern extrapoliert. Die Anlage der Gehirnkarten, wenn sie schon als evolutionärer Prozeß genommen werden kann, ist Ausdruck der Inhaltsgebundenheit der Gehirntätigkeit, solcher Inhalte nämlich, wie sie in neuronalen Datenstrukturen repräsentiert sind und sich in Mustern aus abstrakten Eigenschaften kartographisch selbsttätig organisieren. Kein Erfahrungsgegenstand, kein Fall eines Weltzustandes wird zerebral verarbeitet, wenn er nicht zu einer Positionierung auf einem Areal mit ihm kompatibler Datenstrukturen gelangt. Die den Fall eines Weltzustandes erfassende neuronale Matrix verarbeitet ihn entsprechend eines auf ihn passenden Modells dieses Weltzustandes und zwar auf verkürzte, äußerst sparsame, auf das wesentliche beschränkte Weise. Modelle sind weder wahr noch falsch, sie lassen sich durch ihre Funktion und die Adäquatheit, mit der sie diese Funktion erfüllen, beschreiben. Eine solche Funktion besteht zum Beispiel darin, Prämissen eines schlußfolgernden Denkens als Modelle eines Weltzustandes zu nehmen. Dann zeigt sich die ganze Stärke des Modellansatzes: Prämissen werden zu Modellen, weil Fälle eines Weltzustandes *gesetzt* werden. Ein Beispiel für eine propositionale Logik sieht dann so aus: »Gesetzt« A oder B, »gesetzt« nicht A, »gesetzt« wenn B oder C, dann E, »also« E. Die Buchstaben A bis E stellen die verkürzte, äußerst sparsame, auf das wesentliche beschränkte Weise der Erfassung von Fällen eines Weltzustandes dar. Das »also« ist nur die Beschreibung von etwas, das in den Prämissen nicht explizit, aber implizit formuliert war[9]. Das Ansetzen mindestens eines Beispiels einer solchen Beschreibung ist gleichbedeutend mit der Aussicht, daß mindestens eine Schlußfolgerung möglich ist. Das Ausbleiben einer jeglichen Beschreibung ist gleichbedeutend mit der Erklärung, daß keine Schlußfolgerung möglich ist. Und das Ausbleiben von Gegenbeispielen, die zwar mit den Prämissen vereinbar wären, aber mit der Konklusion unvereinbar wären, ist gleichbedeutend mit der Feststellung, daß die Schlußfolgerung notwendig ist. Johnson-Laird (Johnson-Laird, Byne & Schaecken, 1992) spricht von der Manipulation von Modellen als Erklärung des Schlußfolgerns mit Propositionen. Es ergibt sich, daß die Syntax korrekten Sprechens sich auf Regeln der formalen Logik zurückführen läßt, die ihrerseits aus Modellierungen *gesetzter* repräsentationaler Datenstrukturen extrapoliert, aber nicht implementiert werden können.

---

9   So ähnlich argumentiert Ludwig Wittgenstein: »Wenn das Ding im Sachverhalt vorkommen kann, so muß die Möglichkeit des Sachverhaltes im Ding bereits präjudiziert sein« (Wittgenstein, 1973).

Gedanke und Wort

An dieser Stelle ist es Zeit, die bis hierhin entwickelten Gedanken für eine Metatheorie der Beziehung zwischen Denken und Sprache zusammenzuführen. Wygotskis elegante Formulierung »Der Denkprozeß drückt sich nicht im Wort aus, sondern erfolgt im Wort« würde man nach dem Verständnis des psychologischen Modellbegriffs so: »☐→☐« hinschreiben. Wir sind auf die Paraphrasen dieses »→« als »projizieren«, »transferieren« oder »zu- und weiterleiten« gestoßen. Die deterministischen Paraphrasen dieses »→« als »festlegen« oder »bestimmen« waren schon sehr verwandt mit Fodors kausaler Interpretation dieses »→« als »folgt«. Die Einführung der inneren Sprache an der Nahtstelle zwischen Gedanken und Wort führte vom psychologischen Modellbegriff weg zum Begriff des Modells, mit dem menschliche Gehirne arbeiten. Hier nun erhält die beispielhafte Schreibweise des »→E« die Bedeutung »also E«. Mit M. Lang (1971) soll dieser Partikel »also«, ähnlich wie »das heißt«, »das ist«, »mit anderen Worten« für Denken wie für Philosophieren für konstitutiv gehalten werden. Wie aber soll das Kästchen »☐« in »☐→☐« angesprochen werden? Im psychologischen Logogen-Modell hat es die Funktion, das auditorische oder orthographische Input-Lexikon, (Übergang in) das semantischen System und (Übergang in) das phonologische oder orthographische Output-Lexikon darzustellen. Die Übergänge werden als Umcodierungen verstanden, das heißt, die Datenstruktur des auditorischen Input-Lexikons ist auditorisch codiert, usw. Der Übergang vom semantischen System zum phonologischen Output-Lexikon wäre dann eine Recodierung. Die Kenntnisse über die Kartenorganisation (»Klangkarte«) beinhalten abstrakte Eigenschaften, nach denen die Input-Informationen sich in den Segmenten der Karten organisieren. Ein und dasselbe Wort, einmal gelesen und ein anderes Mal gehört, stellt zwar dasselbe Wort dar, aber es wird nach verschiedenen Eigenschaften (Codes) sortiert; man kann sagen, das Gelesene wird nach einem orthographischen Format, das Gehörte nach einem auditorischen Format[10] verarbeitet. Im Logogen-Modell kann das Kästchen »→« in »☐→☐« als ein bestimmtes Format für ein beliebiges Wort angesprochen werden.

Wir wissen nicht unmittelbar, wie ein geschriebenes Wort ausgesprochen wird, ob es sich zum Beispiel mit einem anderen, ähnlich geschriebenen Wort reimt. Das orthographische Format kann also nicht unmittelbar in ein phono-

---

10 Formate kennen wir alle, wenn wir in unseren Computer Daten in einem bestimmten Format eingeben. Wir benutzen minimale Formatänderungen, zum Beispiel Änderungen der Schriftgröße, oder Formattransformationen, wenn wir zum Beispiel Schriftdokumente in Zeichnungen übertragen.

logisches Format transformatiert werden. Formate von Daten können also untereinander inkompatibel sein; das ist der alte Fodorsche Gedanke des Moduls (Fodor, 1983). Im vorangegangenen Kapitel wurden die Buchstaben A, B, C ... als *Symbole* für Modelle für propositionale Beschreibungen in Variable für die Form der formalen Logik überführt. Wenn nun ein Wort in unterschiedlichen Formaten vorliegen kann, die untereinander inkompatibel sein können, stellt sich die Frage, wie ein semantischer Code in einen phonologischen oder orthographischen Code überführt werden kann, und das ist nichts anderes als die Frage, wie ein Gedanke ausgesprochen werden kann. Diese Frage stellt sich hier anders als beim Nachsprechen oder beim Diktat unverstandener Wörter, da kann offenbar unter Umgehung des semantischen Systems *direkt* transformatiert werden. Die Erfahrung zeigt, daß bisweilen für die Erkennung eines Wortes bereits der Anfangsbuchstabe oder der erste und der letzte Buchstabe hinreicht. Wenn nun das Gehirn in propositionalen Beschreibungen Modelle für Fälle von Weltzuständen konstruiert, legt es sich nahe, daß es auch für Wörter Modelle benutzt, deren äußerst sparsame, litterale oder piktoriale, auf das Wesentliche beschränkte Beschreibung zum Gebrauch des Wortes ausreicht. Dann würden bereits Anfangsbuchstaben dasjenige Modell des Wortes aktivieren, das der Kontext verlangt. Wie das Modell einer propositionalen, repräsentationalen Beschreibung für das logische Schließen funktional sinnvoll ist, ist das Modell eines Wortes für seinen Gebrauch sinnvoll, aber als eine mikrofunktionale, *subsymbolische* Repräsentation des Wortes. Wenn nach Johnson-Laird logisches Schließen über Manipulation von Modellen durch das Gehirn erklärt werden kann, legt es sich nahe, über die Manipulation eines semantisch subsymbolisch repräsentierten Wortmodells seinen Transfer in den phonologischen Code (zum Aussprechen) beziehungsweise in den orthographischen Code (zum Aufschreiben) zu erklären. Der komplizierten Frage der Transformatierung (oder Recodierung) ginge man aus dem Weg, wenn die Handhabung des semantischen Wortmodells in einem dieser Codes die Einfügung präverbaler, subsymbolischer Information in *überhaupt erst ein Format* bedeutete. Viele Gedanken werden erst klar, wenn man sie ausspricht oder aufschreibt.

Die komplexen Modelle, die das Gehirn benutzt, bedienen sich wahrscheinlich einer Unzahl verschiedener Formate, die noch gar nicht alle bekannt sind. Für die hier gefragte Metatheorie des Zusammenhangs von Denken und Sprache muß es ausreichen, die subsymbolische Repräsentation eines Wortmodells auf der tiefsten Organisationsstufe eines neuronalen Primitivnetzes anzusiedeln. Die Theorie der Inneren Sprache hat psychologische Beiträge für die Nahtstelle zwischen Gedanken und Wort geleistet; ihr Beitrag für die Hirnsicht hat eine andere Richtung genommen. Dazu wird auf zwei weitere Befundberichte verwiesen.

Befundbericht Nr. 4

Die Arbeitsgruppe um McGuire (McGuire, Silbersweig, Murray, David, Frackowiak & Frith, 1996) ließ gesunde Probanden Adjektive vom Bildschirm ablesen und forderte sie auf, einfache stereotype Sätze zu bilden, die auf diese Adjektive endigten, diese Sätze aber nur im Kopf (»in their mind, in their usual ›inner voice‹, without speaking or making subvocal articulatory movements«) zu generieren. Dann wurden sie aufgefordert, dieselben Sätze sich auditiv so vorzustellen, daß sie zu ihnen von der Stimme einer anderen, ihnen fremden Person gesprochen würden (»Alien-voice«-Bedingung, auditory verbal imagery). Das stellt eine erhebliche Anstrengung an die Kontrolle (Monitoring) der Prozesse dar, die durch die innere Sprache erzeugt werden sollten, und gelang erst durch Übung. Bei der Hirnbildgebung unter der ersten Bedingung fand sich eine gesteigerte Aktivierung im linken frontalen inferioren Gyrus entsprechend dem Broca-Areal[11]. Unter der Bedingung der Vorstellung der »alien voice« fand sich ebenfalls eine Aktivierung des Broca-Areals, darüber hinaus im linken prämotorischen Cortex, in der supplementären motorischen Area (SMA) und im linken temporalen Cortex (McGuire et al., 1996). Außer dem Broca-Areal wurden diese Hirnregionen als funktionell relevant für das gelingende Monitoring der inneren Sprache angesehen.

Befundbericht Nr. 5

Diese Studie bildete die Vorbereitung für eine Untersuchung an schizophrenen Patienten mit akustischen Halluzinationen. Akustische Verbalhalluzinationen sind Trugwahrnehmungen, bei denen die Betroffenen das Hörerlebnis haben, Stimmen zu vernehmen, die als von anderen Menschen stammend erlebt werden, obwohl sie von ihren eigenen Gehirnen generiert werden. Genau diese Erlebnisse sollten durch die »Alien-voice«-Bedingung simuliert werden. Die Kranken vernehmen Halluzinationen, die Erzeugnisse ihrer eigenen Gehirne sind, schreiben sie jedoch nicht diesen zu. Dasselbe Testverfahren wie oben beschrieben wurde an drei Gruppen durchgeführt: an schizophrenen Patienten mit einer Neigung zu akustischen Halluzinationen, schizophrenen Patienten ohne diese Neigung und gesunden Kontrollen. Die Ergebnisse in der Hirnbildgebung zeigten für die »Inner-speech«-Bedingung eine übereinstimmende Aktivierung des Broca-Areals für alle drei Gruppen. Die Bedingung der »alien voice« führte bei den Halluzinatoren jedoch zu einer reduzierten Aktivie-

---

11   Bereits 1880 entwarf Stricker (1880) eine auf Introspektion gegründete These der inneren Sprache als einer motorischen Vorstellung.

rung des linken mittleren temporalen Gyrus und der vorderen SMA, Gebiete, die bei den Non-Halluzinatoren und den Kontrollen stark aktiviert wurden. Es lagen mithin vor: 1. eine Kontrastbildung Halluzinatoren versus Non-Halluzinatoren einerseits, 2. parallel dazu ein Kontrast Reduzierung versus Aktivierung des linken temporalen Gyrus und SMA andererseits. Die Reduktion der linkstemporalen Aktivität betraf also diejenige Erlebnisweise, bei der Erzeugnisse des eigenen Gehirns einem falschen Gehirn zugeschrieben wurden. Wenn aufgrund des Resultats aus der vorbereitenden Studie das Monitoring der inneren Sprache durch ebendiese temporale Rindenregion und die SMA unterstützt wurde, legte sich der Schluß nahe, daß bei akustischen Halluzinationen ebendieses Monitoring dysfunktional sein mußte. Und die Dysfunktion dieses Monitorings trug dazu bei, daß anstelle des eigenen Gehirns als des »richtigen« Signalgenerators die Stimmen einem »falschen« Gehirn eines anderen Menschen zugeschrieben wurden.

Subjektivität

So ähnlich kann die Hirndebatte ausgehen: Es ist schon soviel herausgefunden worden, Netzwerke für die motorische Steuerung, die Körperfühlsphäre, die visuelle Orientierung, die exekutive Aufmerksamkeit, das Richtungshören, dann »ist das Ziel, empirisch, quantitativ und überprüfbar verstehen zu können, wie der bewußte, subjektive Geist aus dem physischen Gehirn hervorgeht, … damit in greifbare Nähe gerückt« (Koch, 2004). Wir müßten als Deterministen[12] also nur so fortfahren, wie wir experimentell-biologisch mit den Voraussetzungen angefangen haben, dann ist auch irgendwann die Enthüllung der Spracherzeugung die Folge. Oder wir stoßen auf die Dichotomie zweier verschiedener Haltungen, die der äußerlichen Körperprozesse des Sprechens, die naturwissenschaftlich erklärbar wären, und die der innerlichen psychischen Ereignisse des Denkens, die der Psychologie überantwortet würden. Die letzte Position, die gegen eine moderne Philosophie eingewendet werden kann, ist die des Erlebens. »Ich« erlebe es doch[13], wenn ich denke; wie soll ich denn denken und reden können, wenn ich es nicht einmal erlebe? Mit der Erlebnisdimen-

---

12 Ein Resultat hat die Idee des Determinismus sicher erbracht: Sie erklärt das Doping-Phänomen. Wo doch metabolische Prozesse und physiologische Substanzen im Organismus zum Verständnis menschlicher Leistungen (einschließlich seiner psychischen) nicht nur dem Wissen nach beitragen, sondern gefühlsmäßig akzeptiert werden, legt es sich nahe, extern zugeführte, aber eben körperidentische Substanzen fraglos und daher kritiklos zu inkorporieren. Man nimmt ja schließlich nichts Fremdes ein.

sion hat die klassische Phänomenologie Intentionalität verbunden. Auf ihrem gegenwärtig höchsten Niveau hat sie die mit Intentionalität verbundene Richtung von-innen-nach-außen, dem die naturalistische Philosophie den Informationsfluß von-außen-nach–innen entgegenhält, überwunden: Das intentionale Bewußtsein »ist im Anderen bei sich« (Eley, 2004). Ohne den Reflexionstyp zu verletzen liest sich die Hirnsicht als »bei sich im Anderen«. Auf genau diese Position wird die Modelltheorie des Denkens in folgender Weise angewendet: Gesetzt wird der Fall, daß ein Betroffener etwas in seiner eigenen Sprache Gesprochenes imaginiert. Das ist eine Prämisse, in der die Zuordnung von Sprache zu »ich spreche« implizit mitformuliert ist. Dagegen wird das Gegenbeispiel gesetzt: Ein Betroffener imaginiert dasselbe Gesprochene in einer Sprache, die nicht seine eigene ist. Das ist eine Prämisse, in der die Zuordnung von Sprache zu »nicht ich spreche«[14] implizit mitformuliert ist. Der Befundbericht 4 lieferte den Hinweis, daß unter dieser letzteren Prämisse mit der Aktivierung des Broca-Areals, des linken prämotorischen Cortex, der supplementären motorischen Area (SMA) und des linken temporalen Cortex Hirnareale aktiviert werden, die das Hirnareal unter der ersten Prämisse (das Broca-Areal) einschloß. Diese Beschreibungen lassen es also als möglich erscheinen, daß dieses Netzwerk zur Kontrolle (Monitoring) der Zuordnung von Sprache zu »ich spreche« nötig ist. Der Befundbericht 5 liefert zu dieser Konklusion das Gegenbeispiel, in dem gezeigt wird, daß im Falle nicht gelingenden Monitorings (fremdgesprochene Stimmen werden für eigengesprochene gehalten) diese Areale eben auch geringer aktiviert werden. Folglich muß zur Kontrolle der Zuordnung von Sprache zu »ich spreche« ein bestimmtes zerebrales Netzwerk aktiviert werden. Daraus wiederum ist zu schlußfolgern, daß eben diese Zuordnung von Sprache zu »ich spreche« explizit eine Hirnleistung ist. Das hat die

---

13   Es scheint, als ob auch eine sehr straff gezügelte naturalistische Philosophie nicht der Meinigkeit der Erlebnisse, der Jemeinigkeit im Heideggerschen Jargon, entkommt. Cartesianisch darf aber gefragt werden: Wie kann Meinigkeit negiert werden? Offenbar unter pathologischen Bedingungen, zum Beispiel schizophrenen Ich-Störungen. Allerdings gibt es nicht-pathologische Schreckerlebnisse mit der Folge gedanklicher Entfremdung, das heißt, gedankliche Ketten laufen ohne feste Bindung an ein »Ich denke« ab. Diese Gegenbeispiele haben ihre Stärke darin, daß weder schizophrene Ich-Störungen noch Schreckerlebnisse gewollt werden können, ihre Ursprünge also jemeinige wären. Vorläufig wird man sagen müssen: Das Selbstmodell ist recht zuverlässig präsent, aber die Zurechnung mentaler Repräsentate zum Selbstmodell ist angreifbar.

14   Eine Prämisse »ich spreche nicht« wäre nicht unsinnig, aber sie könnte keine Beschreibung liefern.

Konsequenz, daß das »Ich« in »ich spreche« das Resultat einer Zuordnung ist. Wenn nun Wörter, wie oben ausgeführt, in Wortmodellen, und propositionale Beschreibungen in propositionalen Modellen fungieren, legt sich die Annahme nahe, daß eben auch dieses »Ich« als ein Modell, nämlich das der Zuordnung von Wort- und propositionalen Modellen ist. Für die Metatheorie der Relation von Denken und Sprache kann festgehalten werden, daß das Ziel, empirisch, quantitativ und überprüfbar verstehen zu können, wie Denken und Sprache miteinander zusammenhängen, beschreibbar ist, aber daraus nicht zu folgern ist, wie der bewußte, subjektive Geist aus dem physischen Gehirn hervorgeht, denn er bleibt in ihm. Auch das ist nicht exakt: Er ist und war nie je woanders als in diesem Gehirn.

Literatur

Cabeza, R. & Nyberg L. (2000) Imaging cognition II: An empirical review of 275 PET and fMRI studies. *Journal of Cognitive Neuroscience, 12,* 1-47

Dehaene, S. (1995) Electrophysiological evidence for category-specific word processing in the normal human brain. *NeuroReport, 6,* 2153-2157

Dehaene-Lambertz, G. & Dehaene, S. (1994) Speed and cerebral correlates of syllable discrimination in infants. *Nature, 370,* 292-295

Eley, L. (1969) *Metakritik der formalen Logik.* Den Haag: Martinus Nijhoff. 116

Eley, L. (2004) *Grundzüge einer konstruktiv-phänomenologischen Kognitions- und Willenstheorie.* Würzburg: Könighausen & Neumann. 163

Elman, J. L. (1991) Incremental learning or The importance of starting small. In: *Proceedings of the Thirteenth Annual Conference of the Cognitive Science Society.* Hillsdale, New York: Erlbaum. 443-448

Fodor, J. (1975) *The Language of Thought.* New York: Thomas Y. Crowell.

Fodor, J. (1983) *The Modularity of Mind.* Cambridge: MIT Press.

Fodor, J. (1987) *Psychosemantics.* Cambridge: MIT Press. 24-27

Gall, F. J. (1810)*Anatomie et physiologie du système nerveux en général et du cerveau en particulier.* Paris: Schoell [4 Bände, 1810-20 zusammen mit J. C. Spurzheim]

Geyer, Ch. (2004, Hg.)*Hirnforschung und Willensfreiheit.* Frankfurt/Main: Suhrkamp.

Hopfield, J. J. (1982) Neural networks and physical systems with emergent collective computational abilities. In: *Proceedings of the National Academy of Science USA 1982, 79,* 2554-2558.

Johnson-Laird, P. N., Byne, R. M. J. & Schaecken, W. (1992) Propositional reseaning by model. *Psychological Review, 99,* 418-439

Jones W. P., Hoskins, J. (1987) Back-Propagation. A generalized delta learning rule. *BYTE, October 1987,* 155-162.

Koch, C. (2004) Die Zukunft der Hirnforschung. Das Bewußtsein steht vor seiner Enthüllung. In: Geyer, C. (Hg) *Hirnforschung und Willensfreiheit. Zur Deutung der neuesten Experimente.* Frankfurt/Main: Suhrkamp. 229-234.

Kolb, B. & Whishaw, I. Q. (2003) *Fundamentals of Human Neuropsychology.* New York: Worth Publishers.

Lang, M. (1971) *Wittgensteins philosophische Grammatik.* Den Haag: Martinus Nijhoff. 1

Luhmann, N. (1978) *Theorietechnik und Moral.* Frankfurt/Main: Suhrkamp. 10-11.

Martin, A., Wiggs, C. L., Ungerleider, L. G. & Haxby, J. V. (1996) Neural correlates of category-specific knowledge. *Nature, 379,* 649-652.

McGuire, P. K., Silbersweig, D. A., Murray, R. M., David, A. S., Frackowiak, R. S. J. & Frith, C. D. (1996) Functional anatomy of inner speech and auditory verbal imagery. *Psychological Medicine, 26,* 29-38.

Morton, J. (1970) A functional model for memory. In: Norman, D. A. (ed.) *Models of the Human Memory.* New York: Academic press. 203-249.

Petersen, S. E., Fox, P. T., Posner, M. I., Mintun, M. A. & Raichle, M. E. (1988) Positron emission tomographic studies of the cortical anatomy of single word processing. *Nature, 301,* 585-589.

Piaget, J. (1975) *Sprechen und Denken des Kindes.* 2. Auflage. Düsseldorf: Schwann. 46.

Posner, M. I. & Raichle, M. E. (1994) *Bilder des Geistes. Hirnforscher auf den Spuren des Denkens.* Heidelberg, Berlin, Oxford: Spektrum. 128.

Pritzel, M., Brand, M. & Markowitsch, H. J. (2003) Sprache, Aufmerksamkeit und Bewusstsein. In: Pritzel, M., Brand, M. & Markowitsch, H. J. (Hgg.) *Gehirn und Verhalten.* Heidelberg, Berlin: Spektrum. 456.

Raichle, M. E., Fiez, J. A., Videen, T. O., McLeod, A. M., Pardo, J. V., Fox, P. T. & Petersen, S. E. (1994) Practice-related chances in human brain functional anatomy during nonmotor learning. *Cerebral Cortex, 4,* 8-26

Ritter, H. & Kohonen, T. (1989) Self-organzing semantic maps. *Biological Cybernetics, 61,* 241-254.

Snyder, A. Z. & Raichle, M. E. (1993) A combined PET and evoked potential study of lexical access. *Journal of Cerebral Blood Flow and Metabolism, 13 (suppl. 1),* 259-263.

Stricker, S. S. (1880) Studien über die Sprachvorstellung. Wien 1880. In: Wahmhoff, S. (Hg. 1980) *Inneres Sprechen. Psycholinguistische Untersuchungen an aphasischen Patienten.* Weinheim, Basel: Beltz. 41.

Windelband, W. (1922) *Die Geschichte der neueren Philosophie.* 2 Bände, 7. und 8. unveränderte Auflage. Leipzig: Breitkopf und Härtel.

Wittgenstein, L. (1973) *Tractatus logico-philosophicus.* 9. Auflage. Frankfurt/Main: Suhrkamp. Nr. 2.012.

Wygotski, L. S. (1986) *Denken und Sprechen.* 5. Auflage, dt. Übers. von J. Lompscher und G. Rückriem. Frankfurt/Main: Campus. 338

Abstract

Speaking and Thinking – the Brain Perspective

Current concepts of neurosciences comment on the brain as an information processing system working on parallel routes. The rationale of many of brain imaging studies is to measure behaviour correlated to distinct cognitive operation steps. One of the most interesting target behaviour is inner speech. The link between cognition and speech is sense, therefore, sense is used to integrate biological findings of those processes which correspond to thinking and those to speaking.

Anschrift:
Prof. Dr. med. Ralf Erkwoh
HELIOS Klinikum Erfurt
Nordhäuser Straße 74
99089 Erfurt

Semantische Fehler bei Aphasie
Ein psycho- und neurolinguistischer Beitrag
zum Problemfeld »Sprache und Denken«

Gerhard Blanken & Tobias Bormann

Seminar für Sprachwissenschaft, Universität Erfurt

Wenn die Position des sprachlichen Relativismus stimmt, dann werden unsere Gedanken stark beeinflußt durch die Sprache(n), die wir erlernt haben. Was bedeutet das für die Aphasien und insbesondere für semantische Fehler bei Aphasie? Handelt es sich bei semantischen Substitutionen nicht nur um sprachliche, sondern auch um gedankliche Fehler? Der vorliegende Artikel gibt einen Überblick über neue Evidenzen zum Status von semantischen Fehlern bei Aphasie und kommt zu dem Schluß, daß semantische Fehler keine Ersetzungen von Konzepten (oder Gedanken oder Ideen) darstellen, sondern von sprachlich-lexikalischen Einheiten.

Einleitung

Dieser Beitrag wendet sich den sogenannten semantischen Fehlern zu, wie sie bei verschiedenen aphasischen Fehlleistungsmustern im Gefolge pathologischer Veränderungen der Hirnaktivität beobachtet werden können. Gefragt wird, ob die Beschreibungen semantischer Störungen bei Aphasie Evidenzen liefern können, die die traditionsreiche Diskussion über das Verhältnis zwischen Sprache und Denken oder – wie häufig gesagt wird – zwischen Sprache und Kognition beeinflussen können.

Der Einstieg in das Thema ›Sprache/Kognition‹ ist notorisch schwierig, was nicht verwundert, denn es fällt durchaus schwer, Arbeitsdefinitionen darüber zu entwickeln, was ›Sprache‹ ist beziehungsweise was ›nicht-sprachliche Kognition‹ ist und zwar in Absehung vom jeweils anderen. Falls beide Bereiche tatsächlich nicht trennscharf unterschieden werden können, macht die Frage nach dem Verhältnis beider Domänen gar keinen Sinn. Postulieren wir hingegen eine strikte Autonomie beider Bereiche, so muß nicht nur die Qualität der beiden wohlunterscheidbaren Fähigkeiten beschrieben werden, sondern auch ihr Verhältnis zueinander oder, wie oft gesagt wird, die Schnittstelle, die ihre Differenz markiert, aber zugleich überbrückt werden muß, wenn es zu einer

Kooperation zwischen Sprache und Kognition kommen soll. Es handelt sich also hier um eine Aufgabe mit drei Unbekannten, wobei jede Charakterisierung, die einen der Bereiche näher qualifizieren will, unweigerlich Implikationen für die je anderen nach sich zieht. Statt klar gezeichneter Landkarten drängt sich eher das Bild flottierender Inseln auf.

Im Rahmen dieses Aufsatzes bleibt uns nichts anderes übrig, als das soeben beschriebene Trilemma zunächst zu akzeptieren. Ausdrücke wie Sprache, Denken/Kognition und ihr Verhältnis zueinander sind somit an dieser Stelle nur in einem vagen Sinne zu verstehen. Zum anderen wollen wir uns zunächst an die existierenden, zum Teil auch alltagsweltlichen Vorstellungen und Intuitionen anlehnen, die in Bezug auf Sprache und Denken kursieren. Danach scheint die Wahrnehmung, zum Beispiel der visuelle Inputprozeß, eher sprachfern zu sein (vgl. jedoch unten). Auch die motorische Planung (zum Beispiel für Aktivitäten der Hände, Arme, Beine) fällt in diesen Bereich. Kreativität und Emotionalität werden oft als Wurzeln von Verhalten aufgefaßt, die jenseits von Sprache gründen, obwohl sie sich auch in sprachlichem Verhalten manifestieren können. Offenbar lösen die angesprochenen kognitiven Felder keineswegs gleiche Intuitionen aus, was Gebundenheit an oder Freiheit von Sprache angeht. Auch auf dem linguistischen Gebiet scheint es Bastionen zu geben, die Angriffen kognitiver Generalisten besser standhalten als andere: Die Bereiche der Phonologie und Syntax etwa werden oft als innersprachliche Spezialisten angesehen, die relativ autark von anderen kognitiven Domänen organisiert sind. Doch wie sind lexikalische und semantische Sprachfunktionen einzuschätzen? Sind sie unabhängig von außersprachlichen kognitiven Operationen? Es wird sich lohnen, den semantisch-lexikalischen Repräsentationen und den Prozessen der semantischen Wissensverarbeitung genauer nachzugehen. Ihnen scheint in besonderer Weise eine Gelenkfunktion zwischen ›Sprache‹ und ›Denken‹ zuzukommen.

Welche Perspektive soll auf den hier gewählten Gegenstandsbereich eingenommen werden? Wir werden Sprache/Denken hauptsächlich in ihrem aktualgenetischen Zusammenhang betrachten (vgl. Hörmann, 1976 zum Begriff der Aktualgenese), das heißt von Interesse ist die Dynamik der Informationsverarbeitung einer aktuellen sprachlichen Äußerung oder eines aktuellen Gedankens. Die grundsätzliche Motivation dieses Ansatzes ist, verstehen zu wollen, wie periphere Input-Reize zu zentraleren kognitiven Prozessen Kontakt aufnehmen können – so beim Sprachverständnis – oder wie kognitive Intentionen linguistische Prozesse und letztlich motorisch-artikulatorische Aktivitäten kontrollieren können – so bei der Sprachproduktion. Alle diese Umwandlungen von Informationen sind zeitgebunden, und seien die Zeitfenster auch noch so klein.

Ein solcher aktualgenetischer Ansatz differiert von einem ontogenetischen Ansatz, der die gesamte Kindheitsentwicklung in den Blick nimmt (z. B. Piaget, 1972) und noch entschiedener von einem phylogenetischen Ansatz, der Sprache/Denken vor dem Hintergrund der menschlichen Evolutionsgeschichte thematisiert (vgl. Franzen, in diesem Band).

Ein Vorteil des aktualgenetischen Ansatzes ist sicher, daß inzwischen recht detaillierte Modellvorstellungen darüber existieren, wie der Mensch Sprache erzeugt und versteht (vgl. die Sprachverarbeitungsmodelle von z. B. Garrett, Levelt, Dell). Hier besteht die Möglichkeit, die oben genannten Vagheiten und Anlehnungen an das Alltagsverständnis ein Stück weit zu überwinden und gegen ein theoretisches Bezugssystem einzutauschen. Diese Theorien basieren zum Teil auf Evidenzen aus psycholinguistischen Experimenten an gesunden Sprechern/Hörern, zum Teil aber auch aus neurolinguistischen Untersuchungen an Patienten mit sprachlichen und kognitiven Defiziten. Gerade letzteren Untersuchungen werden wir uns weiter unten zuwenden. Zunächst jedoch sollen zwei wichtige Positionen vorgestellt werden, die von Wilhelm von Humboldt und die von Willem J. M. Levelt.

Eine historische sprachphilosophische Position: Wilhelm von Humboldt

Für Wilhelm von Humboldt war die Funktion der Sprache beziehungsweise der Einzelsprachen für das Denken evident. Sprache formt Gedanken, indem die subjektiv gemeinten Inhalte an den von einer Sprachgemeinschaft erzeugten sprachlichen Kommunikationsmitteln Halt suchen. Nur dieses sprachliche gebundene Denken besäße ausreichende Klarheit und Stabilität. Das folgende Zitat gehört sicher zu den bekanntesten aus seinen Werken:

Die Sprache ist das bildende Organ des Gedanken. [...] das Denken kann sonst nicht zur Deutlichkeit gelangen, die Vorstellung nicht zum Begriff werden. (Humboldt, zitiert nach 1994:426).

Trotz der genannten gedankenformenden Funktion von Sprache sind für Humboldt Sprache und Denken in keinem Fall zwei Seiten derselben Medaille. Denken kann von der Möglichkeit der Versprachlichung profitieren; Denken darf jedoch nicht nur passiv den sprachlich vorgegebenen Assoziationslinien folgen. Denken kann und soll sich von sprachlichen Schemata lösen.

Dennoch muß die Seele immerfort versuchen, sich von dem Gebiete der Sprache unabhängig zu machen, [...]. Sie muß das Wort mehr wie einen Anhaltspunkt ihrer inneren Thätigkeit behandeln, als sich in seinen Gränzen gefangen halten lassen. (Humboldt, zitiert nach 1994:478f.).

Das hier von Humboldt eingeführte Motiv der Gefahr einer Gefangennahme durch Sprache wird unten im Kontext der sogenannten Relativismus-Diskussion wiederauftauchen. Interessant ist hier, daß Humboldt durchaus auf die Möglichkeit der Überwindung dieser Gefahr hinweist. Die Perspektive, die Humboldt dabei einnimmt, ist die der Erzeugung von Gedanken und ihrer potentiellen Versprachlichung. Was bei Humboldt nur implizit durchscheint, ist in der heutigen kognitiven Psychologie und Psycholinguistik selbstverständlich geworden, nämlich zwischen Input- oder Verstehensprozessen auf der einen Seite und Output- oder Erzeugungsprozessen auf der anderen Seite zu unterscheiden.

Eine moderne psycholinguistische Position: W. J. M. Levelt

Zeitgenössische psycholinguistische Theorien wollen einen Rahmen vorgeben, in dem die Überführung von Gedanken in Worte und von Worten in Gedanken beschrieben werden können. Nach dem Modell von Levelt (1989; Levelt, Roelofs & Meyer, 1999) – eines der explizitesten existierenden Modelle – werden sogenannte Sprechaktintentionen auf Konzepte abgebildet, welche ihrerseits Kontakt zu lexikalisch-syntaktischen Einheiten (sogenannten Lemmas) aufnehmen können. Ausdrücklich erst nach der Auswahl dieser Einheiten können Formeigenschaften eines Wortes (Morphologie, Phonologie) zugänglich werden und schließlich zur Artikulation gebracht werden. Der Verstehensprozeß läuft in entgegengesetzter Richtung ab: Wahrgenommene Forminformationen steuern die Aktivation lexikalisch-syntaktischer und konzeptueller Einheiten und führen zu einer kontextbezogenen Interpretation einer Äußerung.

Was sind im Rahmen dieser Theorie Konzepte? Konzepte sind ganzheitliche semantische Repräsentationen, die über vielfältige Relationen miteinander assoziiert sein können (zum Beispiel über gemeinsame Kategoriezugehörigkeit, Funktionen, perzeptive Attribute). Konzepte, die eine feste Verbindung zum Oberflächenvokabular aufweisen, heißen lexikalische Konzepte. Lexikalische Konzepte sind also leicht und direkt kommunizierbar. Daneben existieren nicht-lexikalische Konzepte, also semantische Repräsentationen, die in einer gegebenen Einzelsprache nicht lexikalisiert sind. Auch über solche Konzepte kann kommuniziert werden, allerdings umständlicher zum Beispiel mit Hilfe von Umschreibungen, Analogien etc. (vgl. Abbildung 1).

Konzepte beider Sorten sind Repräsentationen non-verbaler Art. Allerdings bilden sich lexikalische Konzepte unter dem Einfluß sprachlicher Kommunikation. Der Kontakt zur Sprachgemeinschaft sorgt für Fixierungen, neue

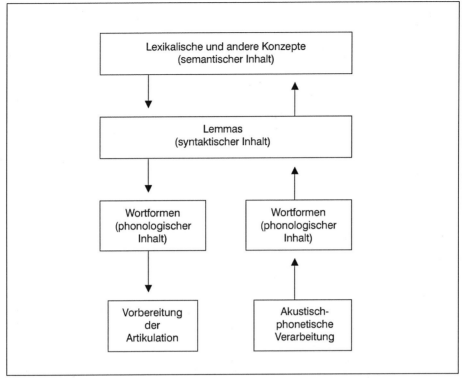

Abbildung 1   Die Stufen der Lexikalisierung (für Input- und Output-Prozesse) in Anlehnung an das Sprachverarbeitungsmodell von W. J. M. Levelt

Grenzziehungen und Verschiebungen im semantischen System jedes Sprechers/Hörers, die den Mechanismen von Überdehnungen beziehungsweise Überspezifizierungen, wie sie aus dem Spracherwerb bekannt sind, durchaus entsprechen, bei Erwachsenen aber etwa auf dem Gebiet von Technik, Wissenschaft oder Kunst besonders auffällig werden. Das Wissen, daß zum Beispiel ein Tifoso nicht nur ein Sportfanatiker ist (zum Beispiel beim Fußball oder Motorsport), sondern auch (medizinisch gesehen) ein Typhuskranker, gibt der Bedeutung von *Tifosi* eine Erweiterung (beziehungsweise eine Klärung der Herkunft dieser Bezeichnung), die eine neue semantische Einordnung und damit einen veränderten Sprachgebrauch bewirken kann. In der Tat kann jedes Gespräch die semantischen Systeme der Beteiligten modifizieren, das heißt über das, was der einzelne unter einem gegebenen Wort versteht, kann immer wieder neu gesprochen oder »verhandelt« werden. Lexikalische Konzepte sind darüber hinaus in recht prekärer Weise mit den einzelsprachlichen Einheiten verbunden (das Problem der Arbitrarität sprachlicher Zeichen). Hingegen ist das semantische Wissen, daß zum Beispiel eine Lanze eine Spitze hat, aus der Sicht der visuellen Form von Lanze gut motiviert. Man erkennt, daß die sogenannte Gebrauchstheorie der Bedeutung (im Gefolge von L. Wittgenstein) mit dieser Auffassung von Konzepten nicht inkompatibel ist. Schwieriger als der sozialen Regulierung von Bedeutungen gerecht zu werden, scheint es, den oben ziterten Gedanken von Humboldt zur Anwendung zu bringen, das heißt den individuellen Kognitionen Raum zu geben im Umgang mit (sprachlich angebundenen) Konzepten und diese gegebenenfalls zu übersteigen (beziehungsweise sich durch diese nicht gefangen halten zu lassen).

Universalismus und Relativismus

Trotz der Vielzahl von Einzelsprachen und Kulturen kann man die Auffassung verfolgen, daß unsere kognitive Leistung, die Welt aufzufassen und zu gliedern, auf einer allgemein-menschlichen Erkenntnisfähigkeit beruht. Eine solche universalistische Position geht oft einher mit dem sogenannten Nativismus, also der Überzeugung, daß die Grundlagen der menschlichen Kognition angeboren und damit invariabel sind. So hat Fodor (1975) für eine Semantik als einer »language of thought« beziehungsweise »mentalese« argumentiert, die – angeboren und universell – dem menschlichen Denken zugrunde liegt. Für den linguistischen Bereich der Syntax sind im Rahmen der Universalgrammatik von Chomsky verwandte Positionen vertreten worden.

In der Tat sind im Rahmen dieses Ansatzes Denken und Sprache zwei getrennte Gebiete. Pinker beschrieb dies so:

Knowing a language, then, is knowing how to translate mentalese into strings of words and vice versa. People without a language would still have mentalese [...]. (Pinker 1994:82)

Weiterhin schrieb er:

[...] there is no scientific evidence that languages dramatically shape their speakers' ways of thinking. (Pinker, 1994:58).

Nun, dies wird im Lager des sogenannten Relativismus anders gesehen. Nach der Position des (linguistischen) Relativismus ist unsere Auffassung von Welt von Anfang an geprägt (oder determiniert) durch die Kultur, in der wir aufgewachsen sind, und insbesondere durch die Sprache, die wir erlernt haben. Whorf drückte es in einem häufig benutzten Zitat so aus:

[...] the world is presented in a kaleidoscope flux of impressions which has to be organized by our minds – and this means largely by the linguistic systems of our minds. (Whorf, 1956:213).

Die Schlußfigur des Relativismus sieht also wie folgt aus: Die Struktur einer Sprache beeinflußt die Art und Weise, wie wir die Welt wahrnehmen und verstehen. Sprachen unterscheiden sich darin, wie sie die Welt gliedern. Deshalb nehmen Sprecher unterschiedlicher Sprachen die Welt unterschiedlich wahr (vgl. Gentner & Goldin-Meadow, 2003).

Inzwischen gibt es eine ganze Reihe von ernst zu nehmenden Evidenzen dafür, daß die Art, wie wir über Dinge reden, die Weise, wie wir über sie denken, beeinflußt.

Raum: Es gibt Sprachen (wie zum Beispiel die Maja-Sprache Tzeltal), in denen über das »Wo« von Gegenständen überwiegend in »absoluter« Weise gesprochen wird (zum Beispiel: *das Glas steht nördlich vom Teller*), anstatt – wie in zum Beispiel europäischen Sprachen üblich – in »relativer« Weise, das heißt aus der Perspektive des Sprechers (zum Beispiel: *das Glas steht rechts vom Teller*). Interessanterweise haben Angehörige von Sprachgemeinschaften des ersteren Typs einen besseren Orientierungssinn als andere, das heißt, sie wissen spontan zuverlässiger, wo die Himmelsrichtungen liegen (z. B. Levinson, 1996, 2003).

Zeit: In der deutschen (und auch der englischen Sprache) wird Zeit in der Regel mit Hilfe räumlicher Begriffe wie *vorn/hinten* beziehungsweise *vorwärts/zurück* beschrieben. Im Mandarin gibt es hingegen eine zusätzliche Redeweise, die vertikale Metaphern benutzt wie *auf/ab*. Boroditsky (2001) fand, daß Sprecher des Mandarin Sätze wie zum Beispiel *März kommt eher als April* schneller verifizieren konnten, wenn sie vorher einen visuellen Prime mit einer vertikalen Anordnung von Objekten sahen und nicht eine horizontale Anordnung. Englische Sprecher profitierten hingegen vom horizontalen Prime. In einem Folgetest konnten letztere jedoch nach dem Erlernen der vertikalen Metaphorik ihre Leistungen an die der Mandarin-Sprecher anpassen.

Farben: Beginnend mit der Hypothese von der Universalität der »basic color terms« (siehe Berlin & Kay, 1969) hat auch auf dem Gebiet der Farbperzeption und -diskrimination die Debatte um mögliche Einflüsse sprachlicher Kodierungen nicht nachgelassen und hat zu offeneren Positionen geführt (vgl. z. B. Kay & Regier, 2006). Gilbert, Regier, Kay & Ivry (2005) berichten, daß (im Rahmen einer lateralisiert dargebotenen visuellen Suchaufgabe) die Farbdiskrimination dann leichter fiel (also schneller war), wenn die Farben auch linguistisch unterscheidbar waren, also unterschiedliche Namen hatten, allerdings tauchte dieser Effekt nur auf bei Projektion in die linke Hemisphäre, das heißt über das rechte Gesichtsfeld. Dies könnte bedeuten, daß die menschliche Farbkognition nicht völlig unabhängig ist von linguistischen Konventionen beziehungsweise daß die Neurophysiologie dieses Subsystems – jedenfalls in der dominanten

Hemisphäre – mit Sprache, das heißt der erlernten Einzelsprache verbunden ist.

Auch andere, speziellere einzelsprachliche grammatische Phänomene könnten Differenzen in kognitiven Aufgaben zugrunde liegen. So berichten Lucy & Gaskins (2001) über ein Objekt-Zuordnungs-Experiment mit Sprechern des Englischen und des Yucatec-Maya. Erstere ließen sich in dieser Aufgabe eher durch Formähnlichkeit leiten, zum Beispiel wurde ein Plastikkamm mit Griff einem Holzkamm mit Griff zugeordnet, während letztere die Gemeinsamkeiten des Materials stärker berücksichtigten (zum Beispiel beide waren aus Plastik, aber beim Vergleichskamm fehlte der Griff). In Yucatec-Maya werden Objekte anstatt mit Gattungsnamen (Appellativa) ähnlich wie Stoffe angesprochen; diese »mass nouns« (oder Kontinuativa) werden beim Zählen durch »unitizer« ergänzt. Grammatisch-semantisch steht also hier zunächst der Stoff, die Substanz, aus der die Objekte gemacht sind, im Vordergrund, was die oben genannten differierenden Lösungsmuster erklären könnte (vgl. auch Lucy & Gaskins, 2003). Andere Aspekte der Forschung betreffen einzelsprachliche und kognitive Unterschiede im Bereich von Bewegungen und ihren Lexikalisierungen (vgl. z. B. Choi & Bowerman, 1991) oder von biologischem Geschlecht und grammatischem Genus (Boroditsky, Schmidt & Phillips, 2003).

Nun, die experimentellen Evidenzen, die soeben angesprochen wurden und die oft auf dem Vergleich sehr unterschiedlicher Einzelsprachen basieren (zum Beispiel indoeuropäische versus nicht-indoeuropäische), sind geeignet, die Whorf-Position zu stärken – und sie ergänzen sich gut mit den »alltäglichen« Erfahrungen, also den Erfahrungen, mit denen man außerhalb von Experimenten in der normalen Kommunikation konfrontiert wird.

So würde – um nur einige Beispiele zu nennen –

‣ ein Brite einen Sessel wohl leichter als ein Deutscher als eine Form von Stuhl kategorisieren (*arm chair* / *easy chair*);

‣ ein Deutscher gern auf Englisch sagen *to cook an egg* anstelle von *to boil an egg*;

‣ ein Deutscher das italienische Wort *cuocere* (›kochen‹) ungern für Tätigkeiten wie *braten* oder *backen* anwenden;

‣ ein Italiener große Probleme beim semantischen Unterscheiden der deutschen Modalverben *dürfen* und *können* haben, denn im Italienischen gibt es nur die Entsprechung *potere*.

Zusammenfassend kann gesagt werden, daß ein Einfluß von seiten der erlernten Sprache(n) auf unser Denken sehr wahrscheinlich ist. Dies meint nicht eine platte Form von Determination; denn wir können lernen, die Welt »aus den Augen« einer anderen Sprache anzuschauen beziehungsweise wir können in Auseinandersetzung mit dem Gegenstand – wie Humboldt es sagte – versuchen, uns von dem Gebiet der Sprache unabhängig zu machen, um uns nicht durch Sprache gefangen halten zu lassen (siehe oben). Jedoch wird dies nicht vollständig möglich sein (vgl. Gadamer, 1960, zur Universalität der Hermeneutik; vgl. jedoch auch Habermas, 1971).

Zurück zur psycholinguistischen Theorie von Levelt: Sie könnte helfen, eine Präzisierung der Position des linguistischen Relativismus vorzunehmen. Es sind die lexikalischen Konzepte einer Einzelsprache, die unsere Gedanken in Produktion und Rezeption binden können. Sie sind verknüpft mit konventionellen Wortformen, aber auch mit den dazugehörigen syntaktischen Kenntnissen auf der Lemma-Ebene. Lexikalische Konzepte tragen einen intersubjektiven Kern; sie sind Teil eines Sprachspiels im Sinn von Wittgenstein. Ihr Gebrauch beruht auf dem Erwerb einer Sprache, nicht notwendigerweise auf Erfahrungen mit einem Gegenstandsbereich. Doch es ist klar, daß das Studieren etwa von Teilen einer wissenschaftlichen Disziplin nach einem Lehrbuch nicht gleich zu setzen ist mit der Arbeit im Labor, welche dieses Wissen hervorbrachte. Konzepte können also auf einer Fülle von Erfahrungen fußen, und das konzeptuelle Wissen eines Individuums erschöpft sich in der Regel nicht in sprachlich gebundenem Wissen und muß auch nicht mit diesem konform sein (zum Beispiel haben Rosen Stacheln und keine Dornen).

Semantische Fehler und Aphasie

Semantische Fehler (ein Sprecher sagt zum Beispiel *Birne* zum Objekt Apfel) bilden eine bestimmte Klasse sprachlicher Fehlleistungen, die sowohl gelegentlich bei Sprachgesunden als auch – dann meist in gehäufter Form – bei Aphasien und anderen pathologischen Veränderungen des zentralen Nervensystems (zum Beispiel Demenzen) beobachtet werden können. Wir werden uns hier auf die semantischen Fehler im Zusammenhang mit aphasischen Störungen konzentrieren und der Frage nachgehen, ob diese aphasischen Wortsubstitutionen etwas mit Denkfehlern zu tun haben könnten oder ob es sich um sprachliche Fehler handelt, die die Ebene der konzeptuellen Aktivierungen nicht berührt.

Aphasien treten in der Regel nach kortikalen Verletzungen der linken (dominanten) Hemisphäre auf (zum Beispiel Schlaganfälle, Entzündungen, Traumen) und lassen sich anhand ihrer Symptome in Untertypen beziehungsweise in aphasische Syndrome unterteilen (vgl. zur Klinik der Aphasien Huber, Poeck & Weniger, 2005). Praktisch alle Aphasiker (und aller Typen) zeigen ein erhöhtes Aufkommen an semantischen Fehlern verglichen mit Sprachgesunden. Fehler dieser Art können im Vordergrund der Symptomatik stehen, aber auch neben anderen (zum Beispiel phonologischen, syntaktischen) Störungen auftreten.

Semantische Fehler sind charakterisiert durch ihren semantischen Bezug zum Zielwort, das heißt, es sind relativ bedeutungsnahe Wortersetzungen. Betroffen sind insbesondere Zielwörter der »offenen Klasse« wie Nomen, Verben, Adjektive, aber auch Eigennamen. In der Regel verlassen die Substitutionen nicht die syntaktischen Kategorien der Zielwörter (das heißt, Nomen werden durch Nomen ersetzt, Verben durch Verben, etc.). Buckingham (1980) führt eine Reihe von Beispielen für semantische Substitutionen aus der spontanen Sprachproduktion eines flüssigen Aphasikers (vom Wernicke-Typ, vgl. Huber et al., 2005) auf; daraus einige Proben (links steht das Zielwort, rechts der Fehler):

south → *north*

hear → *talk*

sister → *brother*

cherries → *apples*

Easter → *Christmas*

Die Mehrheit der semantischen Fehler sind feldinterne Ersetzungen. Bezogen auf nominale Zielwörter sind semantisch koordinierte Reaktionen die häufigste Fehlerkategorie (zum Beispiel *Trompete* → *Posaune*); daneben treten aber auch sub- oder supraordinierte Fehler auf (zum Beispiel *Papagei* → *Vogel*), Teil-Ganzes-Relationen (zum Beispiel *Baum* → *Blätter*) und funktional bezogene Antworten (zum Beispiel *Axt* → *Holzscheit*) sowie anderweitig inhaltlich assoziierte Reaktionen (Beispiele aus Kulke & Blanken, 2001).

Es ist bisher nicht gelungen, Strukturunterschiede zwischen den sporadisch auftretenden semantischen Versprechern bei Gesunden und den semantischen Fehlern bei Aphasie nachzuweisen, wobei letztere im Sprachgebrauch der Personen natürlich häufiger zu beobachten sind.

Zur Diagnostik der semantischen Fähigkeiten werden in der Regel unter anderem Benenntests durchgeführt, die meist aus Objekt- oder Aktionsabbildungen bestehen, wobei die dazugehörigen Zielwörter kontrolliert werden können (zum Beispiel nach Vorkommenshäufigkeit in der Einzelsprache, Wortlänge und anderen Variablen). Diese Tests haben den Vorteil, daß der Diagnostiker Zielwort und Antwort des Patienten systematisch vergleichen kann und Einflußfaktoren auf das Benennverhalten isolieren kann. Semantische Fehler können auch im Sprachverständnis auftreten. Dies wird meist in Form von Mehrfachwahlaufgaben getestet. So werden zum Beispiel mehrere Bilder zugleich vorgegeben (zum Beispiel Löffel, Messer, Gabel) und der Patient wird gebeten, das richtige Objekt zu zeigen, nachdem der Untersucher das Zielwort (zum Beispiel *Löffel*) vorgesprochen hat. Einige (seltenere) Patienten zeigen auch semantische Fehler beim Nachsprechen einzelner Wörter.

Ähnliche Untersuchungen können auch in der Schriftsprache gemacht werden; zum Beispiel sollen Bilder schriftlich benannt werden oder diktierte Wörter geschrieben werden. Wörter werden laut vorgelesen, oder geschriebene Wörter müssen zur Prüfung des Lesesinnverständnisses in Mehrfachwahlaufgaben mit Bildern assoziiert werden. In all diesen Aufgaben der Laut- und Schriftsprache können semantische Fehler bei Aphasie auftreten.

Die Lokalisation semantischer Fehler bei Aphasie

Woher kommen semantische Fehler? Handelt es sich um Fehlaktivierungen von lexikalischen Konzepten? Handelt es sich um eine fehlerhafte Selektion auf der Lemma-Ebene? Oder handelt es sich um ein Problem auf der Ebene der Wortformen?

Levelt et al. (1999:66) ziehen die konzeptuelle Ebene selbst als Ort der Verursachung semantischer Fehler in Betracht (gemeint sind hier allerdings Versprecher bei Sprachgesunden). »It is the lexical concepts that are organized into semantic fields. It is activation spreading through the conceptual network that is responsible for semantic substitution errors.« Nach ihrer Modellvorstellung eröffnen sich auf der folgenden Lemma-Ebene Wege zu syntaktischen Kodierungen. (Nach einer früheren Modellvorstellung (z. B. Levelt, 1989) waren Lemmas semantisch-syntaktische Einheiten; in der neueren Version handelt es sich ausschließlich um syntaktisch relevante Einheiten). Lemmas werden (ebenso wie Konzepte) als supra- oder amodale Einheiten konzipiert, dienen also zum Beispiel der Laut- und Schriftsprache. Lexikalische Frequenzeffekte, also zum Beispiel langsamere (schwächere) Leistungen bei selteneren Wörtern, werden erst auf der (modalitätsspezifischen) Wortform-Ebene lokalisiert. In Hinblick auf das Thema Sprache/Denken kann gefolgert werden, daß semantische Fehler als Substitutionen von zentralen Einheiten der kognitiven Verarbeitung betrachtet werden, also im Licht der oben diskutierten Relativismus-Position Teil von »Denkprozessen« sind. Damit stellt sich die Frage, ob semantische Fehler als »Verdenker« angesehen werden müssen.

Garrett (z. B. 1982, 1992) argumentierte an mehreren Stellen für die Zurückführung semantischer Fehler auf die Lemma-Ebene, oder genauer: auf den Prozeß der Überführung einer konzeptuellen Botschaft auf die Ebene der Lemmas. Hier sei der Ort, wo unter der Kontrolle semantischer Felder multiple lexikalische Kandidaten aktiviert würden, wovon schließlich ein Lemma selektiert werden müsse. Nur das ausgesuchte Lemma wird dann mit seiner Wortform verbunden (mit Ausnahme von Fällen sehr großer Bedeutungsähnlichkeit, wo multiple Wortformen ins Spiel kommen können). Semantische Fehler bei Aphasie sind somit Lemma-Selektionsfehler, also sprachliche Fehler.

Caramazza und Mitarbeiter vertreten die Position, daß semantische Fehler »from damage to the phonological output lexicon« resultieren können, daß sie also auf der oder im Zugang zur modalitätsspezifischen Wortform-Ebene entstehen (Caramazza & Hillis, 1990; vgl. auch ähnlich die »Response-blocking«-Hypothese, Morton & Patterson, 1980). Eine Lemma-Ebene wird nicht postuliert (Caramazza, 1997). Daneben kennen sie jedoch auch Schädigungen der zentralen lexikalisch-semantischen Komponente als Ursache von semantischen Störungen (Hillis, Rapp, Romani & Caramazza, 1990).

Eine Positionierung in der Frage der Herkunft semantischer Fehler bei Aphasie

Im Folgenden möchten wir vier Argumente anführen, die für eine post-konzeptuelle Ursache der Entstehung von semantischen Fehlern bei Aphasie sprechen. Diese Argumente richten sich somit gegen die Auffassung, daß semantische Substitutionen bei Aphasie ein Ausdruck konzeptueller oder gedanklicher Fehlaktivierung sind. Vielmehr stützen sie die Position, daß diese Fehler sprachlicher Natur sind, also Fehloperationen auf der lexikalischen Ebene (Lemmas/Wortformen) darstellen.

1. Argument: Aphasiker mit semantischen Fehlern leiden nicht unter konzeptuellen Störungen bei non-verbalem visuellen Input. In vielen (praktisch allen) Test- und Prüfverfahren zur Aufdeckung aphasischer Störungen wird Bildmaterial verwendet (zum Beispiel Objekt-, Aktions- oder Situationsbilder). Dies gilt auch für die Diagnostik semantischer Störungen (z. B. Huber, Poeck, Weniger & Willmes, 1983; Howard & Patterson, 1992; Blanken, 1996; Glindemann, Klintwort, Ziegler & Goldenberg, 2002). All diese Verfahren wären wertlos, teilten sie nicht die Grundannahme, daß der Zugang zu konzeptuellen Informationen über den non-verbalen visuellen Kanal funktionieren würde. Bei einer schwer gestörten Patientin (globale Aphasie), die semantische Fehler im Sprachverständnis und in Benennaufgaben (mit Anlauthilfen) zeigte, konnten Howard & Orchard-Lisle (1984) nachweisen, daß ihre Fähigkeit zur visuellen Objektbild-Erkennung intakt war. In semantischen Zuordnungsaufgaben, in denen sie einen Gegenstand (zum Beispiel Pyramide) einem von zwei Gegenständen derselben Kategorie semantisch sinnvoll zuordnen sollte (hier: Laubbaum versus Palme), erreichte sie das Niveau von Kontrollprobanden. Es ist ein regulärer Befund bei Aphasie, daß die semantische Verarbeitung bildlicher Informationen praktisch ungestört ist.

2. Argument: Semantische Fehler treten modalitätsspezifisch auf. Für Dissoziationen in beide Richtungen liegen neurolinguistische Fallstudien vor. Die Patienten RGB und HW machten semantische Fehler beim mündlichen Benennen aber nicht beim schriftlichen Benennen von Objekten (Caramazza & Hillis, 1990). Caramazza & Hillis (1991) beschrieben den Fall SJD, bei dem semantische Fehler im schriftlichen, aber nicht im mündlichen Benennen auftraten. Zusätzliche Evidenzen stammen von Doppel-Benenn-Aufgaben, wo Patienten unterschiedliche Antworttypen pro Output-Modalität geben können, zum Beispiel mündlich eine semantische Substitution und sofort anschließend schriftlich eine Nullreaktion (*Ich weiß nicht*) (vgl. Miceli, Benvegnù, Capasso & Caramazza, 1997; Rapp, Benzing & Caramazza, 1997). Asymmetrische Verteilungen von Fehlermustern in unterschiedlichen Modalitäten oder Aufgaben unter Einschluß von semantischen Fehlern sind bei neurolinguistischen Patienten durchaus nicht selten zu beobachten (vgl. die Fälle mit Tiefendyslexie, Tiefendysgraphie, Tiefendysphasie). Es ist nicht auszuschließen, daß selbst der Fall KE (vgl. Hillis et al., 1990) durch eine Assoziation unterschiedlicher modalitätsspezifischer Defizite beschrieben werden kann. Die Autoren fanden ähnliche Anteile von semantischen Fehlern über einen großen Aufgabenbereich hinweg und präferierten allerdings selbst die Hypothese eines supramodalen semantischen Defizits.

3. Argument: Semantische Fehler zeigen Frequenzeffekte. Im Modell von Levelt et al. (1999) ist die lexikalische Selektion die Selektion eines Lemmas, die von der Wortfrequenz unbeeinflußt sein sollte. Als Beleg für diese Position kann gewertet werden, daß bei semantischen Fehlern aphasischer Probanden die Wortfrequenz keine Rolle zu spielen schien. Demgegenüber treten Nullreaktionen bei niedrig frequenten Zielwörtern auf, so daß diese auf der Ebene der Wortformen angesiedelt werden können (Levelt et al., 1999).

Eine neuere Arbeit unserer Gruppe (Bormann, Kulke & Blanken, im Druck) konnte allerdings erstmals einen Frequenzeinfluß bei der Entstehung semantischer Fehler nachweisen. Entscheidend war der Vergleich der Frequenz des aufgetretenen Fehlers mit der Verteilung der Frequenz in der semantischen Kategorie. In unserer Arbeit stellten wir jedem beobachteten semantischen Fehler ein zufällig ausgewähltes Wort aus der gleichen semantischen Kategorie gegenüber. Falls die Wortfrequenz bei der Selektion keine Rolle spielt, sollten die beobachteten Fehler der Aphasiker gleich häufig niedrig und hochfrequente Vertreter einer Kategorie sein. Es ergab sich aber, daß die tatsächlichen Fehler der Aphasiker deutlich höhere Frequenzwerte hatten als die zufällig gewählten Wörter. Dies belegt eine Rolle der Wortfrequenz bei der lexikalischen Selektion. Da Wortfrequenz grundsätzlich eine Eigenschaft der phonologischen Wortformen ist (Jescheniak & Levelt, 1994), müssen diese Repräsentationen bei semantischen Ersetzungen beteiligt gewesen sein. Dies spricht für einen lexikalischen und gegen einen konzeptuellen Ursprung der Fehler.

4. Argument: Kovariation von semantischen Fehlern und Nullreaktionen. Ein weiterer Befund aus einer Benennstudie aphasischer Probanden kann als Beleg für eine Beteiligung der Wortformen bei der lexikalischen Selektion gelten. Da im Modell von Levelt et al. (1999) semantische Substitutionen und Nullreaktionen unterschiedlichen Verarbeitungsstufen zugeordnet werden und diese Stufen unabhängig sind, sollten die Auftretenshäufigkeiten semantischer Fehler und Nullreaktionen keine Beziehung zeigen. In einer kürzlich erschienenen Studie untersuchten wir den Zugriff auf Zielwörter mit vielen und wenigen semantisch-lexikalischen Konkurrenten (*Löwe, Birne* versus *Boje, Brille*; die ersten beiden Wörter entstammen großen semantischen Kategorien und haben viele Konkurrenten; die letzten beiden Items haben nur wenige oder keine Konkurrenten). Es ergaben sich mehr semantische Fehler bei Zielwörtern mit vielen Konkurrenten im Vergleich zu Zielwörtern mit wenigen Konkurrenten. Bei Zielwörtern mit wenigen Konkurrenten war es umgekehrt: Hier ergaben sich mehr Nullreaktionen gegenüber den Zielitems mit vielen Konkurrenten. Die inverse Beziehung zwischen semantischen Fehlern und Nullreaktionen impliziert eine Interaktion der verursachenden Prozesse oder sogar überlappende Prozesse. Insgesamt ergeben sich Hinweise auf eine Beteiligung lexikalischer Repräsentationen bei der Entstehung sowohl von Nullreaktionen und semantischen Fehlern.

Schluß

Der vorliegende Aufsatz hat versucht, zwei Linien der Forschung zusammenzuführen. Zum einen mehren sich die Evidenzen, die einen Einfluß der erlernten Einzelsprache auf unser Denken, das heißt grob gesagt auf die Gliederung unserer Umwelt und unsere Orientierungen darin, im Sinne des (linguistischen) Relativismus nahelegen. Als eine relevante Schnittstelle zwischen geistigen Operationen und sprachlichen Prozessen hatten wir die Ebene semantisch-konzeptueller Repräsentationen ausgemacht und diese Ebene im Rahmen des Sprachverarbeitungsmodells von Levelt genauer beschrieben und zu den im engeren Sinne linguistischen Verarbeitungsstufen in Beziehung gesetzt. Semantische Fehler scheinen durch ihre Eigenschaften (semantische Nähe zum Zielwort, Ersetzungen im Rahmen semantischer Felder) zu der Hypothese einzuladen, daß sie direkt einer Fehlaktivation auf konzeptueller Ebene entspringen. Für den Bereich der Aphasiologie haben wir versucht, Evidenzen zusammenzutragen, die eine post-konzeptuelle Entstehung semantischer Fehler belegen. Nach der hier vertretenen Position entstehen semantische Fehler bei

Aphasie auf der Ebene lexikalischer (Fehl-)Aktivierungen (Lemmas/Wortformen) bei der Entscheidung zwischen mehreren aktivierten lexikalischen Einheiten.

Wir möchten diese Position zunächst auf aphasische Störungen beschränken, denen die obigen Daten entstammen. Andere neuropsychologische Syndrome (zum Beispiel Demenzen, Agnosien) sind neu zu bewerten. Nach unserer Auffassung sind Aphasien primär keine konzeptuellen oder Denkstörungen. Allerdings stellen lexikalische Fehlaktivationen und Wortfindungsstörungen eine Quelle für Konfusionen dar – im Gespräch mit anderen, aber auch im Gespräch mit sich selbst beziehungsweise in der inneren Sprache. So bleibt es, Humboldt zuzustimmen, daß durch das richtige Wort zur richtigen Zeit das Denken zur Deutlichkeit gelangen kann.

Literatur

Berlin, B. & Kay, P. (1969) *Basic Color Terms: Their Universality and Evolution.* Berkeley: University of California Press.

Blanken, G. (1996) *Auditives Sprachverständnis: Wortbedeutungen. Visuelles Sprachverständnis: Wortbedeutungen. Materialien zur neurolinguistischen Aphasiediagnostik.* Hofheim: NAT-Verlag.

Bormann, T., Kulke, F., Wallesch, C.-W. & Blanken, G. (in press) Omissions and semantic errors in aphasic naming: Is there a link? *Brain and Language.*

Bormann, T., Kulke, F. & Blanken, G. (in press) The influence of word frequency on semantic word substitutions in aphasic naming. *Aphasiology.*

Boroditsky, L. (2001) Does language shape thought? Mandarin and English speakers' conceptions of time. *Cognitive Psychology, 43,* 1-22.

Boroditsky, L., Schmidt, L.A. & Phillips, W. (2003) Sex, syntax, and semantics. In: Gentner, D. & Goldin-Meadows, S. (eds.) *Language and Mind. Advances in the Study of Language and Thought.* Cambridge: MIT Press. 61-79.

Buckingham, H. W. (1980) On correlating aphasic errors with slips-of-the-tongue. *Applied Psycholinguistics, 1,* 199-220.

Caramazza, A. (1997) How many levels of processing are there in lexical access? *Cognitive Neuropsychology, 14,* 177-208.

Caramazza, A. & Hillis, A. E. (1990) Where do semantic errors come from? *Cortex, 26,* 95-122.

Caramazza, A. & Hillis, A. E. (1991) Lexical organization of nouns and verbs in the brain. *Nature, 349,* 788-790.

Choi, S. & Bowerman, M. (1991) Learning to express motion events in English and Korean: The influence of language-specific lexicalization patterns. *Cognition, 41,* 83-121.

Fodor, J. A. (1975) *The Language of Thought.* Cambridge: MIT Press.

Gadamer, H.-G. (1960) *Wahrheit und Methode.* Tübingen: Mohr.

Garrett, M. F. (1982) Production of speech: Observations from normal and pathological language use. In: Ellis, A. W. (ed.) *Normality and Pathology in Cognitive Functions*. London: Academic Press.

Garrett, M. F. (1992) Disorders of lexical selection. *Cognition, 42,* 143-180.

Gentner, D. & Goldin-Meadow, S. (2003) Whither Whorf. In: Gentner, D. & Goldin-Meadows, D. (eds.) *Language and Mind. Advances in the Study of Language and Thought.* Cambridge: MIT Press. 3-14.

Gilbert, A. L., Regier, T., Kay, P. & Ivry, R. B. (2005) Whorf hypothesis is supported in the right visual field but not the left. *Proceedings of the National Academy of Sciences, 103,* 489-494.

Glindemann, G., Klintwort, D., Ziegler, W. & Goldenberg, G. (2002) *Die Bogenhausener Semantik-Untersuchung (BOSU).* München: Urban & Fischer.

Habermas, J. (1971) Der Universalitätsanspruch der Hermeneutik. In: Apel, K.-O. u. a. (Hgg.) *Hermeneutik und Ideologiekritik.* Mit Beiträgen von Apel/Bormann/Bubner/Gadamer/Giegel/Habermas. Frankfurt am Main: Suhrkamp. 120-159.

Hillis, A. E., Rapp, B., Romani, C. & Caramazza, A. (1990) Selective impairment of semantics in lexical processing. *Cognitive Neuropsychology, 7,* 191-243.

Hörmann, H. (1976) *Meinen und Verstehen. Grundzüge einer psychologischen Semantik.* Frankfurt am Main: Suhrkamp.

Howard, D. & Orchard-Lisle, V. (1984) On the origin of semantic errors in naming: Evidence from the case of a global aphasic. *Cognitive Neuropsychology, 1,* 163-190.

Howard, D. & Patterson, K. (1992) *The Pyramid and Palmtree Test (PPT).* Bury St. Edmunds: Thames Valley Test Company.

Huber, W., Poeck, K. & Weniger, D. (2005) Aphasie. In: Hartje, W. & Poeck, K. (Hgg.) *Klinische Neuropsychologie. 5. Auflage.* Stuttgart: Thieme. 93-173.

Huber, W., Poeck, K., Weniger, D. & Willmes, K. (1983) *Der Aachener Aphasietest.* Göttingen: Hogrefe.

Humboldt, W. v. (1994) *Werke in 5 Bänden, Bd. 3: Schriften zur Sprachphilosophie. 7. Auflage.* Hg. v. A. Flitner & K. Giel. Darmstadt: Wissenschaftliche Buchgemeinschaft.

Jescheniak, J. D., & Levelt, W. J. M. (1994) Word frequency effects in speech production: Retrieval of syntactic information and of phonological form. *Journal of Experimental Psychology: Learning, Memory, and Cognition, 20,* 824-843.

Kay, P. & Regier, T. (2006) Language, thought, and color: Recent developments. *Trends in Cognitive Sciences, 10,* 51-54.

Kulke, F. & Blanken, G. (2001) Phonological and syntactic influences on semantic misnamings in aphasia. *Aphasiology, 15,* 3-15.

Levelt, W. J. M. (1989) *Speaking. From Intention to Articulation.* Cambridge: MIT Press.

Levelt, W. J. M., Roelofs, A. & Meyer, A. S. (1999) A theory of lexical access in speech production. *Behavioral and Brain Sciences, 22,* 1-75.

Levinson, S. C. (1996) Frames of reference and Molyneux's question: Crosslinguistic evidence. In: Bloom, P. & Peterson, M. (eds.) *Language and Space.* Cambridge: MIT Press. 109-169.

Levinson, S. C. (2003) *Space in Language and Cognition. Explorations in Cognitive Diversity.* Cambridge: Cambridge University Press.

Lucy, J. A. & Gaskins, S. (2001) Grammatical categories and the development of classification preferences: A comparative approach. In: Bowerman, M. & Levinson, S. (eds.) *Language Acquisition and Conceptual Development.* Cambridge: Cambridge University Press. 257-283.

Lucy, J. A. & Gaskins, S. (2003) Interaction of language type and referent type in the development of nonverbal classification references. In: Gentner, D. & Goldin-Meadows, S. (eds.) *Language and Mind. Advances in the Study of Language and Thought.* Cambridge: MIT Press. 465-492.

Miceli, G., Benvegnù, B., Capasso, R. & Caramazza, A. (1997) The independence of phonological and orthographic lexical forms: Evidence from aphasia. *Cognitive Neuropsychology, 14,* 35-70.

Morton, J. & Patterson, K. (1980) A new attempt at an interpretation, or, an attempt at a new interpretation. In: Coltheart, M., Patterson, K. & Marshall, J. C. (eds.) *Deep Dyslexia.* London: Routledge & Kegan Paul. 91-118.

Piaget, J. (1972) *Sprechen und Denken des Kindes.* Düsseldorf: Schwann.

Pinker, S. (1994) *The Language Instinct.* London: Penguin.

Rapp, B. C., Benzing, L. & Caramazza, A. (1997) The autonomy of lexical orthography. *Cognitive Neuropsychology, 14,* 71-104.

Whorf, B. L. (1956) *Language, Thought, and Reality: Selected Writings of Benjamin Lee Whorf* (J. B. Carroll, ed.). Cambridge: MIT Press.

Abstract

Semantic Errors in Aphasia:
A Psychologistic and Neurolinguistic Contribution
to the Debate of "Language and Thought"

If linguistic relativism is true, thought is deeply influenced by the language(s) learned. What does this mean for conditions of aphasia and, in particular, for semantic substitution errors? Do aphasics fail not only in language but also in thought? This article reviews recent evidence on the status of semantic errors in aphasia and arrives at the conclusion that semantic errors do not form substitutions of concepts (or thoughts or ideas) but of verbal-lexical items.

Anschrift:
Prof. Dr. Gerhard Blanken
Psycholinguistik
Seminar für Sprachwissenschaft
Universität Erfurt
Postfach 900221
99105 Erfurt
E-Mail: gerhard.blanken@uni-erfurt.de

Hinweise für die Autoren

Die Zeitschrift NEUROLINGUISTIK erscheint in zwei Heften pro Jahr und veröffentlicht Originalarbeiten auf dem Gebiet der Grundlagenforschung, Diagnostik und Therapie der Aphasien und angrenzender Bereiche (unter anderem Dysarthrie, Sprechapraxie, Sprache bei Demenz und Schizophrenie, Entwicklungsdysphasie). Es sind Übersichtsarbeiten, empirische und experimentelle Gruppen- und Einzelfallstudien sowie Arbeiten zur Therapiemethodik und -evaluation vorgesehen. Voraussetzung für die Einreichung eines Manuskripts ist, daß die Arbeit noch nicht publiziert oder gleichzeitig anderweitig zur Publikation eingereicht wurde. Bei Annahme eines Manuskripts geht das Verlagsrecht an den HochschulVerlag.

Die Manuskripte sollen in vierfacher Ausfertigung an den Herausgeber geschickt werden:

▸ Prof. Dr. phil. Gerhard Blanken
  Psycholinguistik
  Seminar für Sprachwissenschaft
  Universität Erfurt
  Postfach 90 02 21
  D-99105 Erfurt

Die eingereichten Manuskripte werden den Gutachtern auf Wunsch des Autors anonym zur Rezension vorgelegt.

Allgemeines, Aufbau

Die Manuskripte sollen in klarem und verständlichen Stil geschrieben und knapp formuliert sein, der Titel kurz und klar sein. Folgender Aufbau des Manuskripts soll eingehalten werden:

▸ Vollständiger Titel

▸ Zusammenfassung (etwa 150 bis 200 Wörter)

▸ Einleitung (Fragestellung)

▸ Methodik und gegebenenfalls Kasuistik

▸ Ergebnisse

▸ Diskussion (und Vergleich mit der Literatur)

▸ Literaturverzeichnis

▸ Englischer Titel

▸ Englische Zusammenfassung (150 bis 200 Wörter).

Deckblatt

Das Deckblatt der Arbeit soll folgende Angaben enthalten:

▸ Titel der Arbeit

▸ Namen aller Autoren mit Instituts- beziehungsweise Klinikangabe

▸ Kolumnentitel der Arbeit (maximal 25 Buchstaben)

▸ vollständige Anschrift des federführenden Autors.

Umfang

Originalarbeiten sollen 30 Manuskriptseiten nicht überschreiten. Lediglich für Übersichtsarbeiten ist eine maximale Anzahl von 40 Manuskriptseiten vorgesehen. Eine Manuskriptseite umfaßt 40 Zeilen mit je 55 Anschlägen, anderthalbzeilig.

Abbildungen

Abbildungen sollen auf das Notwendigste beschränkt bleiben. Die doppelte Wiedergabe der gleichen Angaben in Tabelle und Kurve ist nicht zulässig. Farbbilder sind nicht möglich. Bei den Abbildungen sind schematische Strichzeichnungen vorzuziehen. Die Abbildungsvorlagen dürfen nicht die Breite von 21 cm und nicht die Höhe von 29 cm überschreiten. Strichabbildungen sollen als Reinzeichnungen vorgelegt werden. Beschriftung und gerasterte Flächen müssen auch nach einer Verkleinerung bis auf 50 Prozent noch gut erkennbar sein.

Von Abbildungen, die in Word-Dateien eingebunden sind, benötigt der Verlag unbedingt auch eine editierbare Version in separater Datei oder eine reprofähige Papiervorlage.

Die Stellen, an denen Abbildungen frühestens eingefügt werden können, sind im Text zu kennzeichnen, Abbildungsunterschriften und Legenden sind dort direkt aufzuführen. Es muß möglich sein, Abbildungen aus Gründen des Seitenumbruchs auch einige Absätze später zu plazieren.

Tabellen

Tabellen und ihre Überschriften sollen im laufenden Text dort stehen, wo sie frühestens eingefügt werden können (jedoch nicht mitten in Absätzen). Es muß aber möglich sein, sie aus Gründen des Seitenumbruchs auch einige Absätze später zu plazieren.

Tabellen können maximal 80 Zeichen (einschließlich Leerschritten) je Zeile enthalten.

Literatur

Das Literaturverzeichnis soll *alle,* aber auch *nur* die im Text erwähnten Arbeiten in alphabetischer Reihenfolge enthalten. Dafür ist folgende Form verbindlich vorgegeben:

Butterworth, B. (1979) Hesitation and the production of verbal paraphasias and neologisms in jargon aphasia. *Brain and Language, 8,* 133-162.

Friederici, A. D. (1984) *Neuropsychologie der Sprache.* Stuttgart: Kohlhammer.

Huber, W., Poeck, K. & Weniger, D. (1982) Aphasie. In: Poeck, K. (Hg.) *Klinische Neuropsychologie.* Stuttgart: Thieme.

Literaturverweise im Text werden durch Angabe der Autorennamen und der Erscheinungsjahre durchgeführt (zum Beispiel Huber, Poeck & Weniger, 1982). Bei Wiederholungen wird nur der Name des Erstautors aufgeführt (zum Beispiel Huber et al., 1982). Werden mehrere Arbeiten eines Autors aus einem Jahr zitiert, sind sie durch a, b, c usw. nach der Jahreszahl in Text und Literaturverzeichnis zu indizieren.

Disketten

Ist das Manuskript mit einem Textprogramm geschrieben worden, so bittet der Verlag um Überlassung einer Kopie auf Diskette oder CD. Außer bei den Textprogrammen WORD, WORDPERFECT und STARWRITER müssen zwischen den Absätzen und vor und nach Überschriften stets Leerzeilen eingefügt sein.

Sonderzeichen aus folgenden True-Type-Fonts können verwandt werden: Marlett, MT Extra, Symbol, Symbol Proportional und – für phonetische Zeichen – WP Phonetic (Download: www.neurolinguistik.com/wphv02n_.ttf)

Satz

Für die Rechtschreibung gelten die »alten« Regelungen.

Fettdruck und Unterstreichungen im laufenden Text sind nicht möglich. Sie werden einheitlich durch *kursive Schrift* wiedergegeben. (Außerdem werden Beispielsätze und -wörter kursiv, und nicht etwa in Anführungszeichen gesetzt.)

Eine numerische oder alphanumerische Kennzeichnung der Gliederungspunkte ist in der NEUROLINGUISTIK nicht vorgesehen. Daher sind im laufenden Text auch keine Verweise auf solche Gliederungsziffern oder -buchstaben möglich.

Von Sonderzeichen, die in keinem der oben genannten True-Type-Fonts vorkommen, benötigt der Verlag eine saubere und mindestens dreifach (linear) vergrößerte Vorlage. Werden diese Vorlagen durchnumeriert, so genügt es, im laufenden Text statt des Zeichens die entsprechende Zahl in geschweiften Klammern anzugeben (zum Beispiel {17}).

Korrektur

Vor der Drucklegung erhält der Autor einen Korrekturausdruck, der innerhalb von acht Tagen an den Verlag zurückzusenden ist. Für Korrekturen sind ausnahmslos die im DUDEN wiedergegebenen DIN-Korrekturzeichen zu verwenden. Autorkorrekturen sollen sich in aller Regel auf die Berichtigung von Setzfehlern beschränken.

Freiexemplare

Der Erstautor erhält anstelle eines Honorars fünf Freiexemplare und bei Bestellung weiterer Exemplare einen Autorenrabatt von 25 Prozent.

Weitere Informationen zur »Neurolinguistik« unter WWW.NEUROLINGUISTIK.COM